W0193468

Charisma Training

Gerhard Eggetsberger

Charisma Training

Ein erfolgsorientiertes Programm zum gezielten Aufbau eines überzeugenden Persönlichkeitsprofils

Orac
WIEN · MÜNCHEN · ZÜRICH

Sollten Sie nach der Lektüre zu diesem Buch und den darin beschriebenen Verfahren und Geräten noch Fragen haben, wenden Sie sich bitte an den Autor:

GERHARD H. EGGETSBERGER

Institut für angewandte Biokybernetik und Feedbackforschung
A-1080 Wien, Josefstädter Straße 72/01 Mo—Fr: 10—19 Uhr
Tel.: 408·38·72 408·77·36 408·65·45 Fax: 403·41·51

IBF-BIODATA-System 3000®, Psychogenes Hirnfeld® und *Biokybernetisches Training®* sind eingetragene Marken.

ISBN 3-7015-0291-9
Copyright © 1993 by Verlag Orac
im Verlag Kremayr & Scheriau, Wien
Alle Rechte vorbehalten
Fotos: Institut für angewandte Biokybernetik und Feedbackforschung, Wien
Schutzumschlaggestaltung: Gerti Gnan
Lektorat: Elisabeth Tschachler-Roth
Satz und Film: inter-letter, Wien
Druck und Bindung: Wiener Verlag, Himberg bei Wien

Inhaltsverzeichnis

Vorwort

Zu zweierlei will Ihnen dieses Buch verhelfen: Einerseits können Sie mit Hilfe der enthaltenen Tests, Tips und Übungen Ihre persönliche Ausstrahlungskraft stärken und Charisma entwickeln. Andererseits aber ist es Ziel dieses Buches, Ihnen bei der Erkenntnis zu helfen, daß Charisma und Ethik nicht immer gemeinsam auftreten.

In einer Zeit, in der die Vergangenheit uns einzuholen droht, sollte es im Interesse jedes einzelnen liegen zu wissen, woher charismatische Ausstrahlung kommt und wohin sie führen kann.

Gerade wenn eine Persönlichkeit beginnt, uns durch ihr Charisma zu begeistern, egal, ob es sich dabei um einen Politiker, religiösen Führer, um eine Person des öffentlichen Lebens, um unseren Nachbarn oder auch Partner handelt, sollten wir mit erhöhter Aufmerksamkeit reagieren.

Charismatische Menschen sind notwendig, um uns immer wieder neu zu motivieren, nur muß jeder vor sich selbst verantworten, wie weit man solchen Menschen folgen soll, kann und darf.

Auf dem Weg ins dritte Jahrtausend müssen wir beginnen, alles Charismatische zu hinterfragen und lernen, nicht nur blind zu folgen.

Gerhard H. Eggetsberger
Wien, im Februar 1993

Danksagung

Ich möchte mich bei all jenen bedanken, die mich bei der Entstehung dieses Buches unterstützt haben: Meine Frau, Renate Eggetsberger, hat mir mit konstruktiven Gesprächen sowie mit ihrem Wissen den nötigen stabilen Hintergrund gegeben. Auch dem Team des IBF (Institut für angewandte Biokybernetik und Feedbackforschung) bin ich zu Dank verpflichtet: Karin Bogner, die den Text geschrieben hat, und Walter F. Pamberg, der mit seinen Fotos und Grafiken mithalf, dieses Buch zu gestalten.

Ich danke Medizinalrat Dr. Ulf Böhmig, Leiter der Ganzheitsakademie Schloß Freyenthurn (Kärnten), der mich mit seinen Anregungen und seinem fundierten Fachwissen unterstützte, und der Firma COMPAQ, vertreten durch Mag. Christian Maranitsch, die uns ihre Computer für unsere Forschungszwecke zur Verfügung stellt, sowie dem österreichischen Staatsmeister und Weltmeister im Pistolenschießen, Karl Pavlis, der als Modell für die Entspannungsfotos fungierte. Für ihre tatkräftige Mithilfe gebührt mein besonderer Dank Elisabeth Tschachler-Roth, die das Lektorat und die Endgestaltung dieses Buches übernommen hat.

Einleitung

Während Sie diese Zeilen lesen, machen Sie Gebrauch von dem faszinierendsten Instrument dieser Erde: dem menschlichen Gehirn. Für das heutige Modell waren einige Jahrmillionen der Entwicklung und der Vervollkommnung nötig. Sie verfügen also über ein Gerät, das unter den widrigsten Bedingungen getestet wurde und von einer unübertrefflichen Stabilität und Leistungsfähigkeit ist. Aber sind Sie sich darüber im klaren, daß Sie nur einen geringen und meist falschen Gebrauch von diesem Instrument machen? Um Ihnen zu helfen, alle Funktionen Ihres Gehirns richtig zu nützen, habe ich die Forschungsergebnisse der letzten zwölf Jahre unseres Instituts im Bereich der Medizin und der Humanwissenschaften unter dem Blickwinkel einer biokybernetischen Sichtweise des Menschen in diesem Buch festgehalten. Diese Sichtweise entwickelte sich durch den Versuch einer Zusammenschau verschiedener, meist leider nur auf die eigene Fachdisziplin beschränkter wissenschaftlicher Modellbilder des Menschen. So sieht die Physiologie den Menschen meist lediglich unter dem Blickwinkel der Körperfunktionen, der Psychologe setzt sich oft nur mit psychologischen Modellen und Theorien des Menschen auseinander.

Die hier vorgestellte Sichtweise des Menschen unterscheidet sich von den anderen, heute üblichen, in manchen Punkten merklich. Der Grund dafür liegt in der starken Verflechtung der Biokybernetik mit praktischen Anwendungen. In erster Linie ist hier der enorme Einfluß sportwissenschaftlicher Erkenntnisse zu nennen, die durch langjährige wissenschaftliche Förderung und Betreuung zustande kamen und ein nahezu grenzenloses Anwendungs- und Erfahrungsgebiet wissenschaftlicher Modelle im Spitzensport ermöglichten. Die aus dem Bereich des Leistungssportes gewonnenen Erfahrungen konnten mit großem Erfolg in modifizierter Form auf Nicht-Spitzensportler — also Menschen aus allen Schichten der Bevölkerung — angewendet werden. Der Grund für diesen Erfolg liegt sehr nahe: Ähnlich wie der Spitzensportler vor dem eigentlichen Wettkampf ein Training braucht, müßte auch jede andere Person in der Arbeitswelt mittels geeignetem Training adäquat auf Streßbedingungen und Ängste vorbereitet werden. Charisma, von dem in diesem Buch die Rede ist, kann nur im richtigen Umfeld entstehen.

Die Entwicklung solcher Trainingsprogramme war und ist die Aufgabe des Instituts für angewandte Biokybernetik und Feedbackforschung. Dabei ist klar, daß der hier gemeinte Begriff des Trainings wesentlich mehr umfaßt als rein sportliche Übungen. Die von uns entwickelten Techniken und Methoden waren seit Beginn des Instituts darauf ausgerichtet, Spitzensportlern mentale und psychologische Hilfestellungen zu geben, um mit Nervosität, Angst und Konzentrationsschwächen umgehen zu lernen bzw. sich optimal auf Wettkämpfe vorbereiten zu können.

Heute kann nahezu jeder — ob jung oder alt, Frau oder Mann —, der sich in belastenden Streßsituationen befindet, die vieles abverlangen (wie Kraftaufwand, Aktivität, Klarheit im Denken und oft übermäßige Spannung, Ermüdung), ja sogar psychosomatische Krankheitssymptome mit sich bringen können, diese Methoden zur Verbesserung und Beseitigung unerwünschter Folgeerscheinungen erlernen und nach Belieben anwenden.

Darüber hinaus bringt das Trainieren der besseren Verarbeitung von Belastungen jeglicher Art noch eine weitere Dimension: Indem solche Belastungssituationen viel leichter verarbeitet und integriert werden, erhöhen sich die mentalen Fähigkeiten der Entspannung, Selbstsicherheit, Ruhe und Zuversicht. Dies sind die Grundlagen zum Aufbau einer charismatischen Ausstrahlung.

CHARISMA — WAS IST DAS?

Die verschiedenen Arten von Charisma

Jeder weiß, was gemeint ist, wenn von Charisma die Rede ist, aber fast niemand kann es erklären. Sie haben es oder Sie haben es nicht. Wenn Sie es haben, wollen alle etwas mit Ihnen zu tun haben. Wer es hat, ist nie langweilig. Er ist in jeder Hinsicht anziehend und kompetent, er ragt aus der grauen Masse der Menschen heraus: Er hat Charisma.
Im Lexikon wird das griechische Wort so definiert: Charisma leitet sich ab von Charis, einer der drei Grazien aus der griechischen Mythologie. Frühe theologische Bedeutung: die göttliche Gabe und Eigenschaft, die wir in uns tragen; persönliche Ausstrahlung.
Charisma entwickelt sich — unseren Messungen nach — zweifelsfrei aus der rechten Gehirnhälfte. Aus der Gehirnhälfte, in der das bildhafte Denken und Sprechen, die Gefühle, das Genie, aber auch Chaos und Wahnsinn lokalisiert sind.

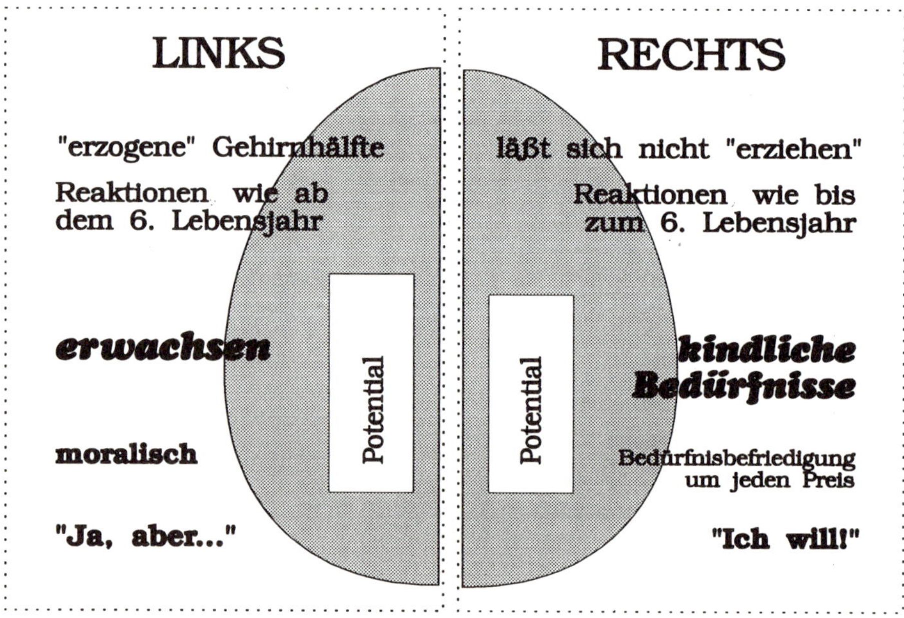

Hirnhälften

Charismatische Personen haben ein stark aktiviertes rechtes Gehirnpotential und sind dabei gleichzeitig sehr extrovertiert, das heißt sie sind sehr kontaktfreudig.
Im 15. Jahrhundert bestand so gut wie kein Zweifel daran, daß die Erde eine Scheibe sei. Im 17. Jahrhundert mußte Galilei unter Androhung der Folter seine Lehren widerrufen. Noch im aufgeklärten 19. Jahrhundert schrieb der schon damals berühmte Wissenschaftler Rudolf Virchow das Neandertaler-Skelett einem krankhaft entarteten Menschen zu. Ein anderer Wissenschaftler meinte damals, es müßte sich um einen mongolischen Kosaken handeln, der mit Tschernikoffs Armeekorps 1814 ins Rheinland gekommen sei — so unvorstellbar war damals noch der Gedanke, daß der Urmensch viel älter als die biblischen 6000 Jahre sein könnte.
Heute glauben wir uns über solche Irrtümer erhaben. Wissenschaft und Technik sind allmächtig, sie beherrschen selbst unsere Freizeit. Nichts scheint mehr technisch unmöglich. Immer schnellere, immer leistungsfähigere integrierte elektronische Bausteine ermöglichten es uns, Geräte zu konstruieren, die mit höchster Genauigkeit Meßwerte von einem Millionstel Volt wahrnehmen können. Aus diesen elektronischen Bausteinen konnten wir im Laufe der Zeit leistungsfähige Hirn- und Körpermeßstationen aufbauen, die uns mit bis dahin nie dagewesener Genauigkeit Informationen über die Wechselwirkung von Geist und Körper liefern. Bis zu jenem Zeitpunkt waren wir nicht einmal in der Lage, über einen zum Verständnis unseres Selbst so entscheidenden Punkt wie jenen der Wechselwirkung zwischen Geist, Körper und dem, was viele als Seele bezeichnen, mehr als Hypothesen aufzustellen. Uns, die wir schon nach anderen Himmelskörpern greifen, ist der Mensch das größte Rätsel geblieben. Dabei wissen wir, oder ahnen es zumindest, daß unter dem materiellen Überbau, der unseren Bildungsweg bestimmt und unser tägliches Leben beherrscht, ein unbewußter Bereich liegt, dessen Ausmaß und Tiefe vielleicht mehr Überraschungen bringt als mancher Himmelskörper. Die wohl wichtigste Frage nach den unbewußten Kräften und Fähigkeiten des Menschen, und wie er diese für sich nutzen kann, steht im Vordergrund unserer Forschungsarbeit im Institut für Angewandte Biokybernetik und Feedbackforschung in Wien. Das vorliegende Buch beschäftigt sich mit der Forschungsarbeit zu einem ganz bestimmten Teilbereich von unbewußten Vorgängen der menschlichen Ausstrahlung: dem Charisma und der Praxis des Charisma-Trainings.

Manche Menschen kommen mit einer charismatischen Ausstrahlung auf die Welt. Man kann Charisma aber auch erwerben, schulen und verstärken. Charismatische Persönlichkeiten haben das »gewisse Etwas«. Sie sind willensstark und fühlen sich auch kritischen Situationen gewachsen. Sie wissen, wie man andere Menschen suggestiv beeinflussen kann, und nützen diese Gabe — bewußt oder unbewußt — aus, um ihre Ziele zu erreichen und sich durchzusetzen. Charisma ist, wie schon gesagt, meßbar geworden. Denkstrukturen und Verhaltensmuster lassen sich auf elektronischem Wege abbilden, Charisma, persönliche Ausstrahlung, läßt sich bis zu einem bestimmten Maß analysieren. Es muß betont werden, daß Charisma in jeder Zeitepoche eine andere Bedeutung hatte. Früher war Charakterfestigkeit und religiöser Glaube stark mit der Bezeichnung Charisma verbunden. Heute kann man Charisma in mehrere Sparten einteilen:

- *Vorschuß-Charisma*

ist das in eine Person hineininterpretierte Charisma. Durch ihre relative Unnahbarkeit und ihren sozialen und beruflichen Status wird den betreffenden Personen von den meisten Menschen Charisma zugedacht. Bestätigt — oder widerlegt — werden können solche Vermutungen nur durch den direkten Kontakt mit diesen Personen. Diese Art von Charisma wird zum Beispiel Politikern, Konzernleitern, Päpsten und Kirchenfürsten, Kaisern, Königen, aber auch Schauspielern und Musikern nachgesagt. Die Stellung an sich erleichtert natürlich auch die Ausbildung von Charisma — wenn viele daran glauben, muß schon was dran sein.

In die Rolle des charismatischen Menschen kann man natürlich auch hineinwachsen. Dies trifft ganz besonders auf ererbte Stellungen zu, wie zum Beispiel bei Königen, Fürsten, beim Adel und bei alten Firmendynastien. Zumeist wird dies auch noch durch die entsprechende Erziehung unterstützt, elitäres Bewußtsein wird hier geschult. Natürlich stärkt es das Selbstbewußtsein, auf eine alte Familie zurückschauen zu können, auf eine Familie, die schon seit Generationen mit Macht zu tun hatte. Wenn Sie auf Menschen treffen, die kraft ihrer Stellung in der Gesellschaft mit solchem Vorschuß-Charisma behaftet sind, sollten Sie immer hinterfragen, was bleibt, wenn er/sie nicht diese Stellung innehätte? Scheint er/sie Ihnen dann immer noch charismatisch, so lohnt es sich, ein zweites Mal hinzuschauen.

- *Titel-Charisma*

Diese Art von Charisma ist direkt mit dem Vorschuß-Charisma verwandt, betrifft aber auch Professoren, Doktoren, Hofräte, Regierungsräte, kurzum Leute, deren Namen ein Titel schmückt. Auch diesen Personengruppen wird oft persönliches Charisma nachgesagt. Echtes Charisma ist aber auch ohne Talar und Titel spürbar.

- *Kreativitäts-Charisma*

Berühmte Musiker, Künstler, Wissenschaftler, Denker und viele stark kreative Menschen umgibt dieses Flair. Auch hier wird aufgrund der Tätigkeit ein Charisma hineininterpretiert, das nicht immer als echtes Charisma zu bezeichnen wäre.

- *Nachruf-Charisma*

Es gibt nichts Leichteres und vor allen Dingen Romantischeres, als verstorbenen Künstlern, Wissenschaftlern, Politikern, Königen, Feldherren etc. charismatische Züge nachzusagen. Vor allem dann, wenn niemand mehr widersprechen kann, bis auf einige aufmüpfige Historiker, die der vermeintlichen charismatischen Ausstrahlung aber nichts an Glanz nehmen können. So wird aus einer zu ihren Lebzeiten unscheinbaren Person oft ein charismatisches Genie.

- *Charisma in der Partnerschaft*

In jeder Partnerschaft[1] gibt es eine stärkere Persönlichkeit, die dominanter ist, mehr Ausstrahlung hat und die Führung übernimmt. Viele Entscheidungen werden von ihr getragen oder zumindest beeinflußt. Ist dieser Partner rechtshirnig und extrovertiert, das heißt eine charismatische Persönlichkeit, wird er den anderen »regieren«, teils voll bewußt oder auch unbewußt. Auch dann, wenn er vielleicht einen intelligenteren Lebensgefährten hat, der ebenfalls extrovertiert ist. Die Ehe, der Haushalt und alles, was damit zusammenhängt, wird letzten Endes von der charismatischen Persönlichkeit bestimmt werden.
Oft bringt der charismatische Partner den anderen dazu, Handlungen zu setzen, die er oder sie ohne dessen Beeinflussung nie getan hätte, wie z. B. ein neues Auto oder eine Wohnung zu kaufen, Kreditaufnahme, über die Verhältnisse zu leben usw. Meist erst im Zuge einer Krise oder

---

[1] Sollten Sie jetzt denken: „Bei uns aber nicht...!“, so versuchen Sie, wirklich ehrlich zu sein und sich selbst zu hinterfragen.

Trennung sieht der andere Partner den Dominanten so, wie dieser wirklich ist.

- *Charisma im Management*

Jahrhunderte elitärer Erziehung brachte die japanischen Adeligen (Samurais) an die Spitze der japanischen Wirtschaft, die von ihnen geprägt wurde und noch immer wird.
Durch ein gezieltes Entfalten der charismatischen Ausstrahlung von westlichen Top-Managern wäre es möglich, äußerst erfolgsversprechende Kräfte entgegenzusetzen.

- *Charisma aus Schwäche*

Diese Art des Charisma besitzt jene rechtshirnige, extrovertierte Person, die ihre Ausstrahlung intuitiv einsetzt. Sie weiß nichts über die Mechanismen, die eine charismatische Person ausmachen und kann ihre Verhaltensweisen nicht kontrollieren, unterliegt zeitweise Ängsten und Depressionen, neigt zu Größenwahn und »kindlicher« Rücksichtslosigkeit beim Erreichen ihrer Ziele. Diese Persönlichkeit hat nicht gelernt, in bestimmten Situationen die linke Hirnhälfte einzusetzen, und unterdrückt vor allem jedes Aufkommen einer linkshirnigen Kontrolle.
Hier wäre ein Linkshirntraining (bewußtes Einsetzen der linken Hirnhälfte) und ein Anti-Angsttraining, wie im Buch beschrieben, von großem Vorteil.
Schon das Wissen um die Entstehung der charismatischen Ausstrahlung bringt mit sich, Charisma im richtigen Licht zu sehen und seine Wirkung nicht überzubewerten.

- *Charisma aus Stärke*

Dieser Persönlichkeitstyp weiß um seine Ausstrahlung und die Mechanismen, die dieses Charisma ausmachen. Aber er weiß auch, daß er sich selbst immer wieder kontrollieren muß, das heißt, daß er die linke (logisch-analytische) Gehirnhälfte bewußt als Kontrolle einsetzt: »Ist das, was ich tue oder will, logisch?«
Die linke Hirnhälfte ist die Kontrollinstanz, die bewirkt, daß die charismatische Persönlichkeit nicht nur rechtshirnig entscheidet und handelt, was oft eine Rücksichtslosigkeit anderen gegenüber bedeuten würde.

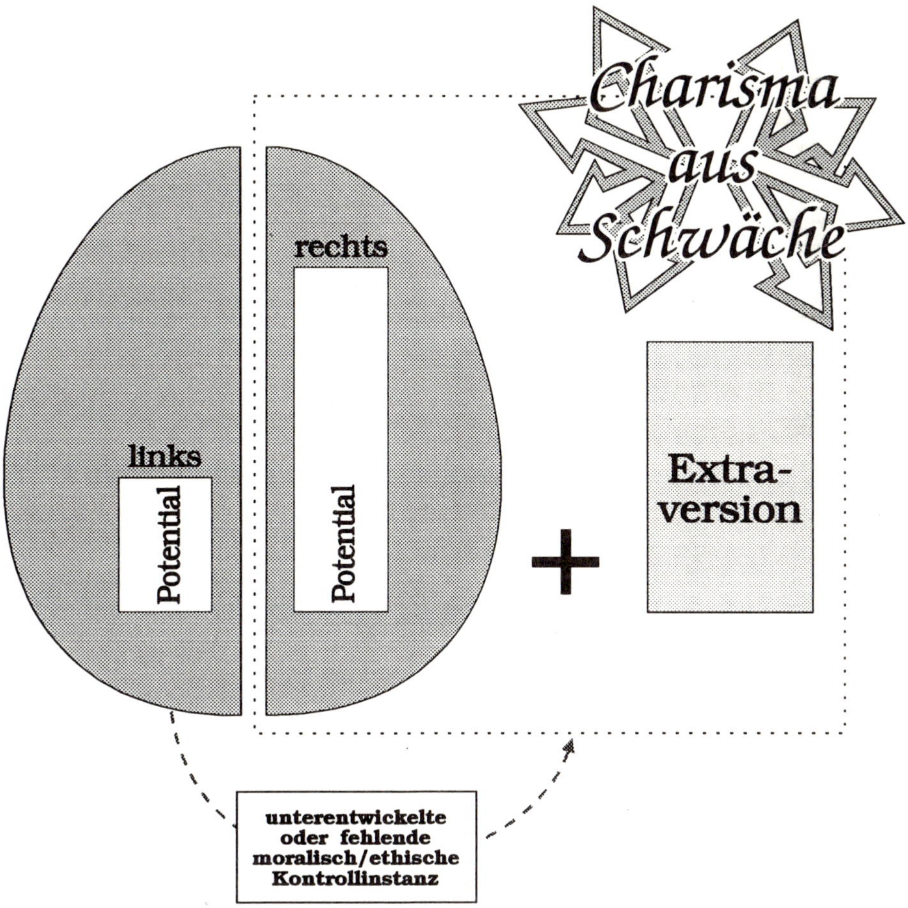

Negatives Charisma

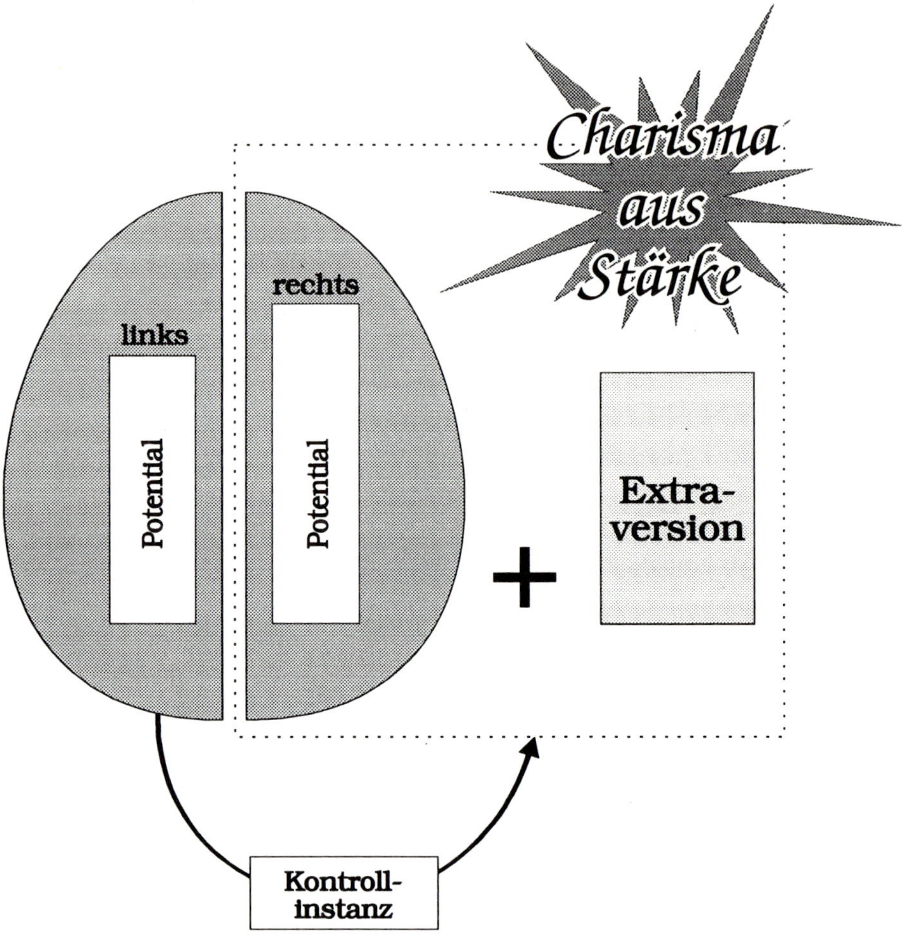

Positives Charisma

Die charismatische Person von heute

Nun gilt es noch die Frage zu klären, was einen charismatischen Menschen unserer Tage ausmacht oder ausmachen kann. Ein solcher Mensch

- ist eine betont rechtshirnige Persönlichkeit;
- glaubt vor allem an sich selbst, das Wortpaar »ICH WILL« ist seine Motivation;
- kann sich selbst begeistern;
- verfügt über einen bestimmten persönlichen »Größenwahn«;
- beherrscht die Gabe der instinktiven Suggestion und kann dadurch andere für seine Ideen begeistern;
- besitzt ein schauspielerisches Talent;
- und verfügt über einige Wohlstandssymbole der heutigen Zeit: gutgebräunte Haut, Sportlichkeit, Macht, Reichtum, Gesundheit, Dynamik, sexuelle Anziehungskraft.

Natürlich können wir Ihnen nicht zu Macht und Reichtum verhelfen. Aber das Charisma-Training macht es möglich, durch Rechtshirndominanz im richtigen Augenblick und durch willentliche Aktivierung der linken Gehirnhälfte charismatische Ausstrahlung quasi zu erzeugen. Durch die Linkshirnaktivität zur richtigen Zeit werden Sie sich nicht selbst überschätzen oder gar größenwahnsinnig werden, sondern menschlich bleiben und trotzdem durch Ihre Ausstrahlung beeindrucken. Hier gleich einige Tests, die Ihnen zeigen sollen, wie es derzeit um Ihre Persönlichkeit bestellt ist.

Selbstsicherheitstest

Sind Sie selbstsicher genug, Charisma zu entfalten und Ihr Leben zu genießen? Kreuzen Sie die für Sie zutreffende Antwort an.

	JA	NEIN
1. Vermeiden Sie zwischenmenschliche Kontakte aus Angst, sich zu blamieren?	☐	☐
2. Würden Sie nach außen reagieren (sich äußern), wenn jemand Sie schlecht und anmaßend behandelt?	☐	☐

3. Wenn Sie ein Freund enttäuscht, sagen Sie es ihm offen? ☐ ☐

4. Fühlen Sie sich nur bei wenigen Menschen ausgesprochen wohl? ☐ ☐

5. Sind Sie stets darauf bedacht, Ärger — egal, welcher Art — zu vermeiden? ☐ ☐

6. Wenn Sie mit jemandem eine Wohnung oder ein Haus teilen würden, bestünden Sie dann darauf, daß er/sie einen bestimmten Anteil der Hausarbeit erledigt? ☐ ☐

7. Wenn jemand vergessen hat, Ihnen einen kleinen Geldbetrag zurückzuerstatten, den Sie ihm geliehen haben, würden Sie ihn daran erinnern? ☐ ☐

8. Können Sie Liebe und andere Gefühle offen zeigen? ☐ ☐

9. Angenommen, Sie bestellen in einem vornehmen Restaurant ein Steak ausdrücklich »halbdurch«. Ihr Steak ist aber so gut wie roh. Würden Sie den Ober bitten, es noch einmal braten zu lassen? ☐ ☐

10. Wenn Sie jemand dauernd hänselt oder aufzieht, würden Sie ihm dann sagen, daß Ihnen das mißfällt? ☐ ☐

11. Angenommen, im Theater stößt Ihr Hintermann mit seinem Knie dauernd in Ihren Rücken, bitten Sie ihn, damit aufzuhören? ☐ ☐

12. Können Sie ablehnen, wenn jemand Sie um etwas bittet, das Ihnen unvernünftig erscheint? ☐ ☐

13. Würden Sie laut protestieren, wenn jemand sich im Supermarkt vordrängt? ☐ ☐

14. Wenn man Sie bei einem Gespräch unterbricht, zeigen Sie dann Ihren Unmut? ☐ ☐

15. Ihre Hausverwaltung/Ihr Hauseigentümer hat Ihnen zugesagt, wichtige Reparaturen an Ihrer Wohnung/am Haus durchzuführen, aber es geschieht nichts. Bestehen Sie mit Nachdruck auf die zugesagten Arbeiten? ☐ ☐

16. Wenn jemand sich in einer Warteschlange vordrängt, lassen Sie sich das gefallen? ☐ ☐

17. Würden Sie ein fehlerhaftes Kleidungsstück zurückbringen, auch wenn der Kauf schon einige Tage zurückliegt? ☐ ☐

18. Wenn jemand, den Sie sehr schätzen, eine völlig andere Meinung äußert, würden Sie es wagen, ihm zu widersprechen? ☐ ☐

Auswertung:
Geben Sie sich für jede übereinstimmende Antwort einen Punkt und zählen Sie die Punkte zusammen.

1. Nein	7. Ja	13. Ja
2. Ja	8. Ja	14. Ja
3. Ja	9. Ja	15. Ja
4. Nein	10. Ja	16. Nein
5. Nein	11. Ja	17. Ja
6. Ja	12. Ja	18. Ja

13—18 Punkte: Sie sind selbstsicher. Sie sollten sich aber in jenen Bereichen weiterentwickeln, die Sie falsch beantwortet haben.

7—12 Punkte: Sie können ruhig etwas selbstsicherer werden. Grundsätzlich haben Sie aber die richtige Einstellung zu Menschen und Ereignissen.

1—6 Punkte: Sie sind nicht in der Lage, die angenehmen Seiten des Lebens zu genießen. Vielleicht sollten Sie sogar die Hilfe anderer Menschen in Anspruch nehmen. Dann könnten Sie lernen, das, was Sie anderen zugestehen, auch für sich selbst zu akzeptieren. Selbstsicherheit hat nichts mit der von Ihnen gefürchteten Aggressivität zu tun.

Tragen Sie Ihr Ergebnis mit dem aktuellen Datum in die Selbstsicherheitsskala ein; wenn Sie den Test nach einiger Zeit wiederholen, sehen Sie so Ihren Fortschritt.

Selbstsicherheitsskala

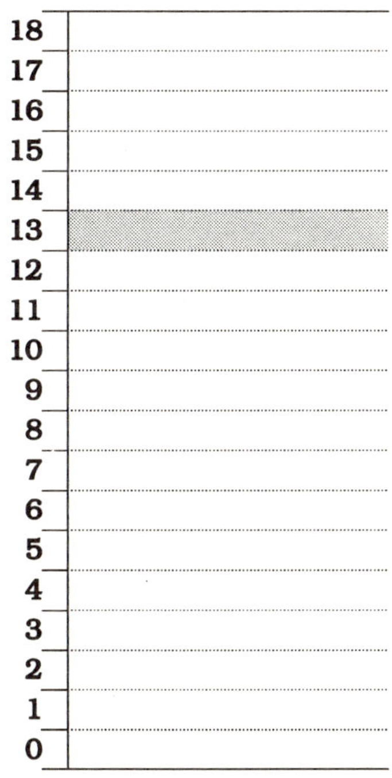

Charakter-Test

Über das, was man einen ausgeprägten Charakter nennt, gibt es die unterschiedlichsten Vorstellungen. Körperliche Größe und Strenge haben damit sicher nichts zu tun. Oft zählen die zartesten und sensibelsten Menschen zu den stärksten Charakteren.
Aggressives Verhalten weist oft auf Charakterschwäche hin — schließlich sollen durch Aggressivität Angst und Minderwertigkeitsgefühle überwunden werden. Charismatischen Personen wird oft auch ein starker Charakter nachgesagt, doch sei hier gleich angemerkt, daß das nicht immer stimmen muß. Prüfen Sie Ihre derzeitige Charakterstärke. Beantworten Sie die Fragen mit Ja oder Nein, geben Sie sich für jedes Ja einen Punkt, für jedes Nein null Punkte. Auch dieser Test hilft Ihnen, Ihre Gesamtpersönlichkeit besser zu beurteilen.

	JA	NEIN
1. Freuen Sie sich, wenn andere gut miteinander auskommen?	☐	☐
2. Fühlen Sie sich durch Ihr Wort gebunden, soweit es möglich ist?	☐	☐
3. Bilden Sie sich Ihre Meinung zunächst selbst?	☐	☐
4. Wären Sie von sich enttäuscht, wenn Sie mal die Kontrolle über sich verlieren?	☐	☐
5. Würden Sie auch zu Ihren Entscheidungen stehen, wenn diese unpopulär sind?	☐	☐
6. Können Sie Fehler zugeben und sich auch dafür entschuldigen?	☐	☐
7. Können Sie warten, sind Sie geduldig?	☐	☐
8. Wenn jemand launisch ist und Sie schlecht behandelt, bleiben Sie dann gelassen und ruhig in Ihrer Argumentation?	☐	☐
9. Können Sie mit Nachdruck nein sagen, wenn Ihnen jemand etwas aufdrängt (z. B. Essen, Drink etc.)?	☐	☐
10. Wenn sich eine Arbeit als langwierig, monoton und schwer herausstellt, würden Sie sie bis zum Ende durchführen?	☐	☐
11. Würden Sie es ablehnen, einen Vorteil daraus zu ziehen, wenn jemand unerfahren oder in einer schwächeren Position ist?	☐	☐
12. Würden Sie jedem helfen, der schwach und unerfahren ist?	☐	☐
13. Denken Sie eher an die Erfüllung der Wünsche und Bedürfnisse von Menschen, die Sie lieben, als an Ihre eigenen?	☐	☐
14. Leiden Sie mehr unter den Schmerzen geliebter Menschen als unter Ihren eigenen?	☐	☐

15. Geben Sie sich bei allem, was Sie tun, besonders viel Mühe?

16. Verlassen sich die anderen im allgemeinen auf Sie?

17. Sind Sie gerne unabhängig und erledigen Sie Dinge eher selbst, als daß Sie sich auf andere verlassen?

18. Können Sie sich fair gegenüber Menschen verhalten, die Sie einmal schlecht behandelt haben?

19. Sind Sie in den meisten Fällen ein guter Verlierer?

20. Können Sie zufrieden sein, wenn andere Aufmerksamkeit und Belohnung erfahren, während Sie im Hintergrund stehen?

Auswertung:

14 oder mehr Punkte: Sie haben wahrlich einen starken Charakter.

11—14 Punkte: Sie sind charakterfest.

10—11 Punkte: Sie zweifeln an sich. Es täte Ihnen gut, etwas an sich zu arbeiten.

Unter 10 Punkte: Sie wissen es selbst: Sie müssen an sich arbeiten. Testen Sie sich nach einiger Zeit erneut.

Tragen Sie Ihre Ergebnisse in die nebenstehende Charakterskala mit einem Stift ein, und schreiben Sie neben die Markierung das aktuelle Datum. So können Sie jede neue Eintragung (nach dem Training) genau von den früheren unterscheiden und damit Ihre Fortschritte auf einen Blick erkennen.

Charakterskala

20	
19	
18	
17	
16	
15	
14	
13	
12	
11	
10	
9	
8	
7	
6	
5	
4	
3	
2	
1	
0	

Eine charakterfeste Persönlichkeit bildet sich ihre eigene Meinung und steht auch dazu. Sie kennt ihre eigenen Rechte, steht zu ihren Pflichten, respektiert die Fähigkeiten und Rechte anderer Personen. Als reife, großherzige Persönlichkeit spürt sie, daß die Meinung von anderen für sie nicht immer ausschlaggebend ist. Sie wägt ab. Sie respektiert und achtet die Gefühle von anderen und versucht Sie nicht zu verletzen. Sie steht zu ihrem Wort. All das sollten Sie in kleinen Schritten trainieren.

Wie extrovertiert sind Sie?

Geben Sie sich selbst Punkte. Im privaten oder im öffentlichen Bereich ist jede der folgenden Aussagen

0 = für mich zutreffend
1 = teilweise zutreffend
2 = ziemlich (halbwegs) zutreffend
3 = größtenteils (meistens zutreffend)
4 = immer zutreffend

Es wäre mir peinlich	PRIVAT	ÖFFENTL.
1. zu weinen	☐	☐
2. zu gähnen	☐	☐
3. zu tanzen	☐	☐
4. zu laufen	☐	☐
5. den ganzen Körper durchzuschütteln	☐	☐
6. irgendeine körperliche Übung durchzuführen	☐	☐
7. das Becken vor- und zurückzubewegen	☐	☐
8. die Schultern zu lockern	☐	☐
9. die Füße oder Beine zu lockern	☐	☐
10. einen Witz zu erzählen	☐	☐
11. die Augen aufzureißen	☐	☐
12. den Mund aufzusperren	☐	☐
13. zu brüllen	☐	☐
14. zu schreien	☐	☐
15. zuzugeben, daß ich unrecht habe	☐	☐
16. mich zu entschuldigen	☐	☐
17. Komplimente anzunehmen	☐	☐
18. einen Fehler zu begehen	☐	☐
19. als Schauspieler aufzutreten	☐	☐

20. zu singen

21. vorzulesen

22. ein Rätsel pantomimisch darzustellen

23. verkleidet aufzutreten

24. Gefühle auszudrücken

25. meine Meinung auszusprechen

Gesamtpunktezahl

Addieren Sie nun die Punkte aus beiden Spalten

Auswertung:
0—15 Punkte: Sie sind nicht immer taktvoll oder hören anderen nicht genügend zu.

16—50 Punkte: Sie folgen Ihrer Eingebung, drücken sich gut aus, genießen das Leben, haben viel Sinn für Humor und sind ausgeglichen.

51—90 Punkte: Sie beneiden Menschen, die weniger gehemmt sind als Sie. Sie sind ängstlich und weniger spontan, als Sie sein möchten. Sie fürchten Zurückweisungen.

91—130 Punkte: Keine Ihrer Handlungen kann vor Ihrer Kritik bestehen. Sie haben Angst vor gesellschaftlicher Mißbilligung. Sie weichen selten von der Routine ab. Sie machen sich nicht gerne lächerlich.

131—170 Punkte: Viele Befürchtungen halten Sie zurück. Sie sind leicht zu schockieren, gehen ungern ein Risiko ein. Sie hegen festgefügte Erwartungen.

171—200 Punkte: Sie finden das Leben eintönig, langweilig, sinnlos. Ihre Hemmungen und Ängste sind stärker als Sie. Ihr Selbstwertgefühl steht auf schwachen Beinen. Sie können Ihre Fähigkeiten nur unzureichend ausleben. Ihre Gesundheit ist in Mitleidenschaft gezogen.

Getestetes Charisma bei Politikern und Popstars

Einer der Hauptarbeitsbereiche unseres Instituts ist die Werbewirkungsforschung für Zeitungen, Rundfunk und Fernsehen.
Wer die Gedanken anderer in seinen Bann ziehen kann, hat Macht über ihre Gefühle, Entscheidungen und somit auch über ihr Verhalten als Wähler. Bilder wie zum Beispiel das Aussehen eines Menschen und seine Ausstrahlung sind wie schnelle Schüsse, die ins Gehirn dringen. Lichtblitze, die entscheiden, ob die entsprechenden Informationen — wie Werbesprüche oder Wahl- und Propagandatexte zu diesem bestimmten Bild — von anderen überhaupt auf- oder wahrgenommen werden.
Man nimmt zum Beispiel nur das wirklich wahr, was den Blick mindestens 0,2 Sekunden lang fesselt. Bei Plakaten und Werbeeinschaltungen kann schon im vorhinein getestet werden, ob sie eine gewünschte Wirkung auf den jeweils angesprochenen Konsumenten haben. Das heißt, es wird beobachtet, ob dieser das Bild lange genug betrachtet oder dafür keinerlei Interesse zeigt. Es ist auch möglich, mittels Biofeedbackmessungen Werbetexte, deren Inhalt und Satzbildung als geeignet oder ungeeignet für einen Wahlkampf oder eine Werbekampagne zu erkennen. Viel Geld und Mühe kann so erspart werden.
Dasselbe gilt für den Aufbau eines Images und der charismatischen Ausstrahlung einer Person. Auch hierbei kann mittels Biofeedbackmessungen die Wirksamkeit eines Haarschnittes, einer bestimmten Kleidung oder gewisser Redewendungen getestet werden. Dieses Biofeedbacksystem schlägt alle bis dahin bekannten Verfahren durch seine Direktheit. Gemessen werden dabei die unbewußten Reaktionen eines oder mehrerer Menschen auf eine Person, ein Produkt, eine bestimmte Werbung. Reaktionen, die über Sieg und Niederlage entscheiden. Unsere Biofeedbackmeßgeräte können Erregung, Langeweile, Zuneigung, Abneigung, Wut, Angst, Aggressionen, aber auch Gefühle wie Geborgenheit und Liebe anzeigen. Dabei kann auch gemessen werden, ob Informationen logisch-analytisch, das heißt linkshirnig, oder gefühlsmäßig-emotional, also rechtshirnig, aufgenommen werden. Mittels Biofeedbacktraining wäre es nun sehr leicht möglich, die Persönlichkeit

eines Menschen dahingehend zu verändern, daß er genau die Gefühle und Reaktionen in anderen Menschen hervorrufen kann, die für den jeweiligen Zweck notwendig sind. Somit ist es möglich, meßtechnisch und mit etwas Schulung eine charismatische Person zu schaffen.
Neueste Untersuchungen belegen: Ein im wahrsten Sinn des Wortes reizendes Bild sagt mehr als tausend Worte, da sich die Wirkung eines Bildes aufgrund der hauptsächlich rechtshirnigen (gefühlsbetonten) Verarbeitung der gedanklichen Kontrolle entzieht. Das bestätigt das alte Sprichwort, daß der erste Eindruck der wichtigste ist. Wir sind in der heutigen westlichen Welt mit einer Informationsüberflutung und -überlastung konfrontiert. Der Durchschnittsbürger nimmt nur 3 Prozent der Informationen, die Medien wie Fernsehen, Rundfunk, Zeitschriften und Plakate anbieten, wahr und verarbeitet sie entsprechend. Diese Werte sind natürlich Durchschnittszahlen. Sie müssen für den einzelnen, der sich eine bestimmte Lektüre aus Überzeugung oder speziellem Interesse kauft, nicht zutreffen. Doch das Interesse an allgemeinen Informationen, die immer flüchtiger und bruchstückhafter aufgenommen werden, wird durch diese Reizüberflutung noch mehr nachlassen.
Bei unseren Untersuchungen zur Wahl des amerikanischen Präsidenten im November 1992 konnten wir feststellen, daß heutzutage für eine Wahl nicht mehr nur Argumente zählen, sondern daß vielmehr der Eindruck ausschlaggebend ist, den der Kandidtat bei einer Diskussion mit seinem Konkurrenten macht. Seine Mimik, Körperhaltung, Dynamik, Sicherheit in der Argumentation, ein Lächeln im richtigen Augenblick, Ruhe, Kraft und noch viele andere Verhaltensweisen werden vom Unbewußten der Zuschauer und Wähler registriert und sind somit in weiterer Folge maßgeblich für die Wahlentscheidung. Die wirksamsten und einprägsamsten Wahlslogans sind daher nicht lange Sätze, sondern kurze, prägnante Parolen, die leicht zu merken sind.
Wer heute und in Zukunft Menschen überzeugen will, wird sich manipulativer Informationstechniken bedienen müssen. Das sind vor allem fesselnde Bilder und kurze, einprägsame, das heißt suggestive Texte.

Video-Tests

Im Auftrag von *Basta,* einer der größten österreichischen Monatszeitschriften, wurden in unserem Institut anläßlich der Nationalratswahlen 1991 die österreichischen Parteiobmänner von durchwegs prominenten Personen getestet. Diesen Personen, die in den Bereichen Politik, Sport, Werbung, Management, Kunst und Kultur tätig sind, wurde von jedem der vier Parteiobmänner ein Ausschnitt aus einer TV-Nachrichtensendung vorgeführt. Im Gegensatz zu den demoskopischen Untersuchungen der Meinungsforscher, deren Ergebnisse weit von den wirklichen Wahlergebnissen entfernt waren, nahmen unsere Messungen den Wahlausgang vorweg. Bundeskanzler und Parteiobmann Franz Vranitzky erzielte kein einziges Mal eine negative Reaktion. Für das Unterbewußte der Probanden war er eine politische Vaterfigur, bestens geeignet auch zum Bundespräsidenten.
Der damalige Bundesparteiobmann der ÖVP, Josef Riegler, auf dem die Hoffnungen der Partei ruhten, rief hingegen Langeweile und Ermüdung bei den Testpersonen hervor, die seinen Ausführungen durchwegs nicht einmal zuhörten. Im Begleittext zu unseren Meßergebnissen schrieb ich: »Wie kann so ein völlig unscheinbarer Mensch Politiker werden? Schon nach kurzer Zeit bewirkt er lähmende Müdigkeit.« Tatsächlich wurde dieser Politiker einige Zeit nach der Wahl von der Parteispitze abgelöst. Unsere Meßergebnisse wurden von den Wählern bestätigt: Die ÖVP schnitt schlechter ab als je zuvor.
Der Parteivorsitzende der Grünen, Johannes Voggenhuber, erwies sich als eine Person, die bei den Zuschauern Aggressionen und Abwehr hervorrief. Auch er ist inzwischen von der Parteispitze abgelöst worden.
Bei dem Bundesparteiobmann der FPÖ, Jörg Haider, zeigten die Meßergebnisse, daß man mit diesem Mann sicherlich noch rechnen muß. Er verursachte ein ständiges Auf und Ab der Emotionen, beschäftigte die Probanden von der ersten Sekunde seines Erscheinens auf dem Bildschirm, und ausnahmslos alle hörten ihm mit hoher Konzentration zu.
»Daß Erhard Busek als Sieger aus der Kampfabstimmung hervorgegangen ist, überrascht nicht.« Dieses Zitat stammt aus der *Wochenpresse,* die vor dem Parteitag der ÖVP das Wiener Institut für angewandte Biokybernetik und Feedbackforschung (IBF) an Testpersonen — Frauen und Männer verschiedenen Alters und verschiedener Bildung — die intuitiven Spontanreaktionen auf die beiden Obmann-Kan-

didaten messen ließ. Um sich nicht dem Vorwurf der Beeinflussung auszusetzen, hat die *Wochenpresse* das Ergebnis erst nach dem Wahlgang veröffentlicht. Vorgeführt wurde den Testpersonen je ein Ausschnitt von Fernseh-Interviews der beiden Kandidaten. Während der Vorführung wurden die Veränderungen der Hirnaktivität (psychogenes Hirnfeld), des Hautwiderstandes (hormonelle Schwankungen), der Körpertemperatur, der Muskelspannung, des Blutdruckes und des Pulses gemessen. Aufgrund sicherer wissenschaftlicher Erkenntnisse wurden die Ergebnisse als Positiv- oder Negativreaktionen interpretiert. Dabei schlug das Gefühlspendel so deutlich für den späteren tatsächlichen Sieger aus, daß selbst die Tester überrascht waren. In der Tat hatte eine signifikante Mehrheit der Testgruppe auf den Polit-Profi Busek mit »Entspannung, positiven Emotionen und Sympathie« reagiert. Beim Anblick seines Konkurrenten stellte sich jedoch bei den meisten Testpersonen ein Gefühl der Unruhe ein. Sie reagierten mit erhöhtem Blutdruck und Puls und mit negativen Hirnwerten.

Messungen zum Thema Sex wurden von uns im Auftrag des *Rennbahn-Express* durchgeführt. Gemessen wurden diesmal die Reaktionen der durchwegs männlichen Prominenten aus Kunst und Kultur auf die einzeln vorgeführten Videos von Samantha Fox, Julia Roberts, Madonna, Tina Turner und Kim Basinger, Ulla Weigersdorfer, Whitney Houston, Sinead O'Connor, Simone und Stefanie Werger. Die Messungen ergaben folgendes: Samantha Fox wirkte auf die Männer am meisten erotisierend, knapp gefolgt von Madonna und Simone. Bei diesen dreien wurden die stärksten Ausschläge von Gehirn- und Körperreaktionen gemessen. Die schwächsten Auswirkungen auf die männlichen Promis hatte Stefanie Werger. Aber auch Kim Basinger rief schwache Reaktionen hervor, und Ex-Miss-World Ulla Weigersdorfer verursachte bei den Männern nur »Desinteresse und Langeweile«. Tina Turner erregte kaum Gefühle, und Whitney Houston sprach die intellektuellen Teile des Gehirns an. Sinead O'Connor und Julia Roberts blieben in der Beliebtheitsskala der Testpersonen weit abgeschlagen. Diese und ähnliche Tests brachten uns Informationen, die eine der Grundlagen dieses Buches bilden.

Gehen Sie aus sich heraus?

Testen Sie, ob Sie genug motiviert sind, an die Öffentlichkeit zu treten. Beantworten Sie die folgenden Fragen mit »Ja«, »Ich weiß nicht« oder »Nein« und geben Sie sich zwei Punkte für jedes »Ja«, einen Punkt für jedes »Ich weiß nicht« und keinen Punkt für jedes »Nein«.

	JA	WEISS NICHT	NEIN
1. Ist Ihre Stimme kräftig und klar, wenn Sie innerhalb einer Gruppe sprechen?	☐	☐	☐
2. Ist es für Sie wichtig, was andere über Sie denken?	☐	☐	☐
3. Studieren Sie Ihr Erscheinungsbild häufig im Spiegel?	☐	☐	☐
4. Stellen Sie anderen Menschen gerne herausfordernde Fragen?	☐	☐	☐
5. Haben Sie ein schlechtes Gefühl, wenn Sie manchmal Worte benutzen, deren Bedeutung Ihre Zuhörer nicht sogleich verstehen?	☐	☐	☐
6. Genießen Sie es, im Mittelpunkt der Aufmerksamkeit zu stehen?	☐	☐	☐
7. Macht es Ihnen Spaß, Menschen hin und wieder zum Lachen zu bringen?	☐	☐	☐
8. Neigen Sie dazu, in Gesellschaft ein bißchen anzugeben?	☐	☐	☐
9. Kleiden Sie sich gerne so, daß die Leute auf Sie aufmerksam werden?	☐	☐	☐
10. Erzählen Sie anderen gerne über Erfahrungen, die Sie gemacht haben?	☐	☐	☐
11. Legen Sie auf Ihre Kleidung besonderen Wert, wenn Sie ausgehen oder vor einer Gruppe sprechen?	☐	☐	☐
12. Genießen Sie es, wenn Sie Leute unterhalten können?	☐	☐	☐
13. Empfinden Sie es als Bestätigung, wenn andere Ihnen Komplimente machen?	☐	☐	☐
14. Sind Sie stets daran interessiert, wie andere Menschen auf Sie reagieren?	☐	☐	☐
15. Ertappen Sie sich häufig dabei, daß Sie gerne über sich selbst sprechen?	☐	☐	☐
Gesamtpunktezahl	☐	☐	☐

Auswertung:
Wenn Sie 11 oder mehr Punkte erreicht haben, sind Sie ein Mensch, der im Mittelpunkt der Öffentlichkeit stehen könnte.

Ein Wert von weniger als 11 Punkten bedeutet natürlich nicht, daß Sie keine Öffentlichkeitswirkung erzielen können. Eventuell sind Sie etwas unsicher im Auftreten. Wer weniger als 11 Punkte erreicht hat, sollte seine Persönlichkeit weiter schulen und täglich an sich arbeiten.

Motivationsskala

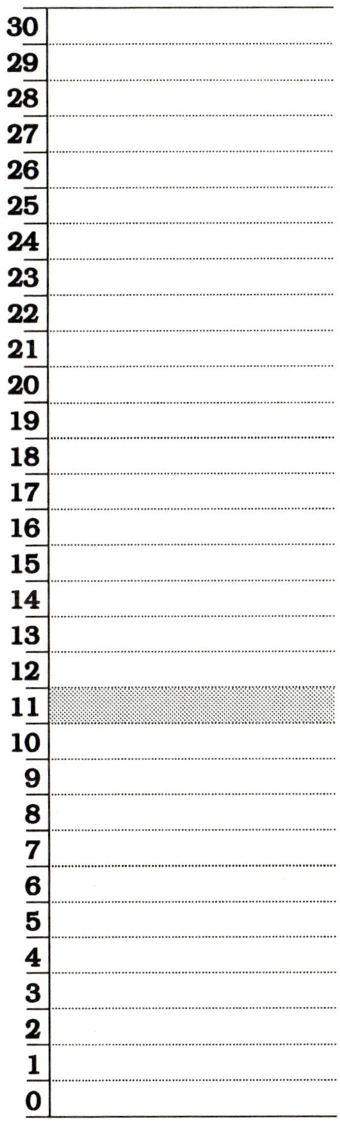

Charisma beginnt im Kopf

Das Gehirn bestimmt die Persönlichkeit

Unser Gehirn ist ein hochentwickeltes Organ von ca. 1300 bis 1600 Gramm Gewicht. Als Sitz der wichtigsten Regelmechanismen des Körpers koordiniert es das innere Milieu und unsere Bewegungen, bringt Gefühle und Gedanken hervor, steuert willkürliche Handlungen, steht mit jeder Zelle des Körpers in Kontakt, verfügt über einen phantastischen Informationsspeicher und vieles andere mehr. Es birgt die stärkste Kraft des Universums, den menschlichen Geist.

Kein Wunder, daß Neurophysiologen wie der Amerikaner William CALVIN ins Schwärmen geraten: »Gehirne sind die am elegantesten organisierten Materienansammlungen des Universums.« Hundert Milliarden Nervenzellen knüpfen eine schier unglaubliche Anzahl von Verbindungen, Schaltkreise, die ein unendliches Ausmaß annehmen. Von all dem ahnen wir im täglichen Leben so gut wie nichts. Die Myriaden allerfeinst abgestimmter Stoffwechselvorgänge werden auf der Gedankenebene nie bewußt wahrgenommen. Im Gegenteil: Unser Geist thront normalerweise selbstgefällig über einer biologischen Dienerschaft, die diskret und scheinbar mühelos das ausführt, was uns gerade in den Sinn kommt. In welchem Zustand dieser unser Geist sich jeweils befindet, entscheidet das energetische Verhältnis der Gehirnareale zueinander. Die energetische Struktur unseres Gehirns entscheidet über unsere Gesundheit, unser Wohlbefinden, unsere Gemütslage, unsere Leistungsfähigkeit, aber auch über unsere Überzeugungskraft und über unser Charisma. Diese energetische Struktur unseres Gehirns nannten wir vom IBF bei ihrer Entdeckung das *psychogene Hirnfeld.* Dieses Hirnfeld ist einer der wichtigsten Komponenten und Indikatoren, wenn es um die Verbesserung der Ausstrahlungskraft einer Person geht. Das psychogene Hirnfeld ist ausschlaggebend für unseren Bewußtseinszustand. Seine Ausformung, seine Struktur entscheidet — wie gesagt — über Gemütslage, Auftreten, Überzeugungskraft, aber auch darüber, wie sich eine Person in der Welt sieht. Letztendlich entscheidet das Gehirn unter Beeinflussung des Hirnfeldes über Erfolg oder Niederlage. Wie weit es dem einzelnen Menschen gelingt — bewußt oder unbewußt —, das individuelle psychogene Feld zu beeinflus-

sen, ist ausschlaggebend für seine Lebensqualität. Und hier liegt schon einer der Schlüssel zum Charisma-Training: Die gezielte Beeinflussung des Hirnfeldes, um neues Bewußtsein und um Ausstrahlungskraft zu erlangen.
Genie und Charisma haben denselben Ursprung: die rechte Gehirnhälfte. Dort ist auch die Kreativität und die Intuition lokalisiert. Es ist aber auch die Gehirnhälfte, die Chaos, Depression, Angst und negative Gefühle in sich birgt. Diese Hälfte des Gehirns richtig zu beherrschen, soll das Ziel des Charisma-Trainings sein.

So entfalten Sie Ihr Charisma:

- Bauen Sie blockierende Ängste mittels Muskelentspannung und Meditation ab (siehe Seiten 90ff und 139ff).
- Aktivieren Sie die rechte Gehirnhälfte durch Training (siehe Seite 117).
- Setzen Sie sich und ihr ein höheres Ziel (siehe Seite 123).
- In Phasen von negativen Gefühlen aktivieren Sie die linke Gehirnhälfte, die Sie in die Realität zurückführt. Die richtige Balance zwischen Links- und Rechtshirnigkeit ergibt eine gefestigte Persönlichkeit.

Bevor Sie an der Ausbildung Ihres Charismas zu arbeiten beginnen können, sollten Sie wissen, welche Gehirnhälfte bei Ihnen dominiert und welcher Persönlichkeits-Typ Sie sind. Dazu möchte ich Ihnen im folgenden die Forschungsergebnisse unseres Instituts näherbringen und Sie zu einigen Tests einladen. Leser meiner früheren Bücher bewegen sich hier auf schon vertrautem Gebiet.
Aus der modernen Hirnforschung ist bekannt, daß im Gehirn meßbare, energetische Spannungsunterschiede auftreten, die sowohl an der Kopfoberfläche als auch mittels Gehirnsonden gemessen werden können. Zwischen Punkten mit hohem Spannungsunterschied besteht ein stärkeres elektrisches Feld — was auch gleichbedeutend ist mit vermehrter Durchblutung dieses Hirnareals, was wiederum auf gesteigerte Aktivität in diesem Hirnsektor hinweist. Punkte mit niederem Spannungsunterschied weisen hingegen auf schwache Aktivität in diesen Arealen hin. Dieses Feld mit seiner unterschiedlichen Ausprägung beeinflußt die lokale Gehirngewebsumgebung. Die Nervenzellen der aktiveren Hirnregionen werden in ihrem elektrischen Verhalten ganz spezifisch gesteuert. Der Zustand des Feldes in unserem Gehirn ist in seiner

Hauptstruktur, also in der Links-Rechts-Ausprägung, zumeist recht konstant, manchmal — unter bestimmten Umständen — aber instabil und laufenden Schwankungen unterworfen. Intensive Hirnaktivität wie Konzentration, Meditation, Traum, Ekstase, aber auch Angst, Freude, Versagen usw. verändern die Aktivität, aber auch die Struktur des Feldes. Nach intensiven jahrelangen Untersuchungen liegt der Schluß nahe, daß man diese Feldschwankungen, ja das Feld an sich, als Indikator für alle Vorgänge im gesamten Organismus betrachten kann. Diese Vorgänge sind beispielsweise an Geschehen wie Gesundheit, Krankheit, Erfolg und an allen emotionalen sowie psychischen Prozessen beteiligt. Den Gleichspannungsanteil des elektrischen Hirnfeldes innerhalb der einzelnen Hirnhemisphären habe ich als *psychogenes Hirnfeld* bezeichnet. Es beeinflußt einerseits bestimmte Schaltvorgänge im Gehirn, andererseits erregt jede Aktivität in und um die Zelle wiederum das Gehirnfeld. Je mehr Aktivität im Gewebe, desto stärker ist das Feld. Bei zuwenig Aktivität ist das Feld in diesem Bereich schwach. Sowohl ein zu starkes als auch ein zu schwaches Feld kann negative Wirkung haben.

Das Hirnfeld hat eine bestimmte Grundform, die die meiste Zeit des Tages (und wahrscheinlich auch in der Nacht, im Schlaf) bestehen bleibt. Schon in frühester Kindheit bildet sich die Neigung zu einer bestimmten Grundform im Hirnfeld heraus, die das Verhalten des einzelnen im normalen Tagesgeschehen beeinflußt. Es gibt angeborene Aktivierungsgrößen, das heißt die Neigung zu Überaktivität oder Unteraktivität des psychogenen Hirnfeldes ist oft schon bei der Geburt vorprogrammiert. Ab dem zehnten bis zwölften Lebensmonat kann man bei Kindern das Hirnfeld relativ einfach messen. Aus dieser Messung kann ein Psychodiagramm erstellt werden, aus dem das zukünftige Verhalten und die Emotionen des Kindes ersichtlich werden. Es ergibt also ein Bild, wie das Kind und später der Erwachsene die Welt sehen wird. Daraus abgeleitet könnte man die nötigen Erziehungsmaßnahmen setzen, Talente, Gaben und Anlagen fördern. Der erste Schritt zu einer kybernetischen, auf die Persönlichkeit des Kindes bezogenen Erziehung wäre getan.

Das psychogene Hirnfeld zeigt aber auch die Charaktereigenschaften einer Person hinsichtlich der Reaktionen auf einen Reiz von außen. Ein stark bewegliches Feld weist auf eine emotionale, »explosive« Person hin, die schnell reagiert. Ein starres Feld zeigt starre Eigenschaften, gedämpftes Verhalten und geringe Flexibilität. Bei den meisten Menschen

wird das Feld mit zunehmendem Alter starrer. Das seltener vorkommende wechselnde Hirnfeld, das zwischen Links- und Rechtsaktivität springende Hirnfeld, weist auf hohe Flexibilität und ganzheitliches Denken hin. In solchen Fällen kann überprüft werden, welche der Hirnhälften öfter und länger dominant ist. Eine gewisse Geneigtheit zur Dominanz eines der beiden Hirnfelder ist auch in diesen Fällen immer zu finden.
Ganz besonders interessant reagiert das Hirnfeld auf Belastung und Streß. Fast jede Reaktion ist denkbar, überhöhte Aktivität in bestimmten Sektoren des Gehirns, Unteraktivität, wechselnde Hirndominanz für kurze oder längere Zeit, bis hin zur Erstarrung des Feldes. Die Streßreaktion des Feldes läßt Verhaltensmuster erkennen. Durch gezieltes Training können bestimmte Verhaltensweisen unter Kontrolle wegtrainiert werden.
Das psychogene Hirnfeld spiegelt die Bewußtseinsstruktur wider, durch die Informationen gemäß der Beschaffenheit und der Struktur des Feldes interpretiert, zensiert und wiedergegeben werden. Das Feld bestimmt, wie die eingehenden und schon vorhandenen Rohinformationen weiter verarbeitet werden. Alle eingehenden Informationen, auf welchem Weg sie auch aufgenommen werden, sind neutral und werden in bestimmten Sektoren des Gehirns gespeichert. Diese Rohinformationen durchlaufen bei ihrer Bearbeitung die dem psychogenen Feld entsprechenden aktivierten Gehirnstrukturen. Die so beeinflußten Hirnregionen werden bevorzugt verwendet, sie konstruieren, formen, ordnen unsere Wirklichkeit. Wir mixen sozusagen unser Bewußtsein selbst: So kann aus ein- und derselben Information in unserem Bewußtsein etwas völlig Unterschiedliches entstehen, je nachdem, welche Gehirnteile an der Aufbereitung beteiligt waren. Informationen aller Art werden vom Gehirn neutral aufgenommen und registriert. Erst die Verarbeitung des Inputs, das Interpretieren und Ausfiltern der Information, wird über das Feld gesteuert. Entsprechend der Aktivierung gewisser Gehirnareale erfolgt die Interpretation in eine Richtung, das Feld bestimmt die Art der Interpretation.

So entstehen verschiedenste Denk- und Verhaltensweisen. In der Sprache der Psychologen würde das heißen: Hat ein Patient eine bestimmte Therapie zumindest teilweise erfolgreich absolviert, so können Situationen, die der Betreffende vorher negativ bewertet und interpretiert hat, nun anders verarbeitet und gesehen werden. Wenn sich das psy-

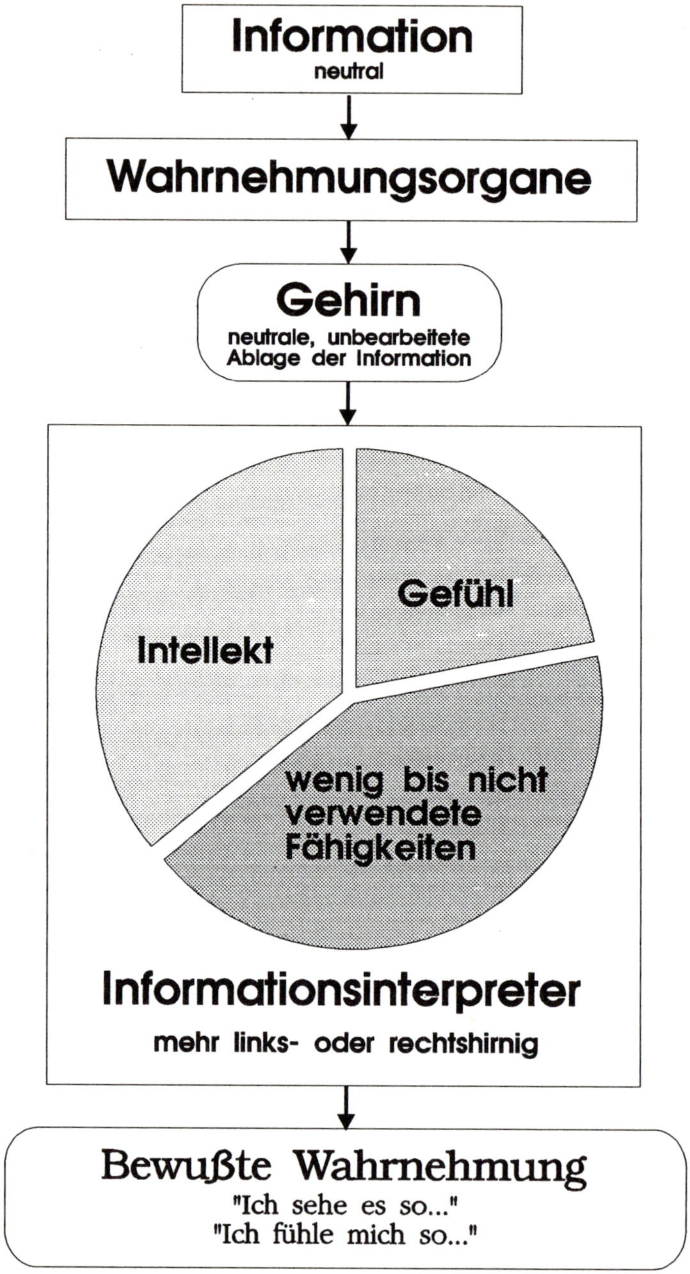

Bei diesem Beispiel werden interne und externe Informationen zum größten Teil logisch interpretiert (verarbeitet). Der gefühlsmäßige Anteil an der Verarbeitung ist gering.

chogene Feld durch die passende Therapie langsam umgeformt hat, kann der Betreffende also die Situation auch anders auffassen und werten. Liegt ein starres Feld auf oder über der rechten Hemisphäre, kann global gesagt werden, daß die erhaltenen Rohinformationen eher gefühlsmäßig interpretiert werden. Die interpretierende Instanz liegt zumeist in der linken Gehirnhälfte. Die Schlußfolgerung liegt nahe, daß Erfahrungen, die einmal durch ein starkes linksaktiviertes und einmal durch ein stark rechtsaktiviertes Feld erlebt werden, sich grundsätzlich durch verschiedene Interpretationen und Emotionen unterscheiden. Herrscht bei einem Menschen zuviel Rechtshirnaktivität vor und damit ein starkes (überwiegendes) Feld, so neigt er dazu, seine Handlungen zu rationalisieren. Er versucht dabei, eine Erklärung für gewisse innere und äußere Zustände zu finden. Je stärker ein Mensch zu einem der beiden Hirntypen neigt, desto mehr lehnt er den gegenpoligen Hirntyp ab — er ist ihm unverständlich. Der Linkshirnige lehnt den Rechtshirnigen ab und umgekehrt. Der ausgeglichene Hirntyp hingegen kann mit beiden umgehen.

Um Ihnen Einblick in die komplexe Arbeitsweise unseres Gehirns zu geben, möchte ich das folgende Beispiel aus der aktuellen Hirnforschung erwähnen: Seit einiger Zeit weiß man, daß unser Sprachverständnis im linken Schläfenbereich lokalisiert ist. Ein Biofeedbacktraining zur Aktivierung dieses Hirnbereiches (psychogenes Hirnfeldtraining) verbessert schnell unser Sprachverständnis. Unsere Fähigkeit zu sprechen liegt im linken Hirnlappen. Je weiter man bei den Untersuchungen und Analysen der Hirnsektoren in den Bereich von Schläfen und Stirnhirn vorstößt, umso komplexer und verschlüsselter werden die Aufgaben, die offenbar hier angelegt sind. Hier haben wir es mit Gefühlen und mit unserem sozialen Verhalten, dem Charakter, zu tun. In diesen Hirnsektoren schmieden wir Pläne, hier werden Entscheidungen gefällt. Klare Trennlinien zwischen diesen Funktionsbereichen sind in diesen Sektoren des Hirns nur noch schwer zu finden. Zu komplex sind hier die organischen Schaltkreise miteinander verwoben.

Welche Konsequenz ein Ausfall oder eine Verletzung dieser Hirnsektoren mit sich bringen kann, zeigt das Beispiel von E. V. R. Unter diesen Initialen steht ein Patient im Patientenregister der Universitätsklinik von Iowa-City. E. V. R. war erfolgreicher Wirtschaftsprüfer, bis eine Krebsoperation sein Leben zerstörte: Die Chirurgen hatten einen Tumor in der Nähe seiner Augenhöhle entfernt und dabei auch Teile seines Stirnhirns herausschneiden müssen. Noch immer ist E. V. R. un-

gewöhnlich intelligent. Weder seine Erinnerung noch seine Wahrnehmung sind beeinträchtigt, und dennoch bezweifeln seine Freunde und Verwandten, daß sie überhaupt noch denselben Menschen vor sich haben. Plötzlich ist E. V. R. unzuverlässig und unberechenbar geworden. Seinen Beruf mußte er aufgeben, zwei Ehen gingen nacheinander in die Brüche, und sein nicht unansehnliches Vermögen hatte er in kürzester Zeit verspekuliert.
»Er kann sich nicht mehr entscheiden«, erzählen die Neurologen. »Und wenn er es tut, kommt meist etwas Selbstzerstörerisches heraus.« Auch dafür haben die Neurologen eine Erklärung: »Die Chirurgen haben die Verknüpfungszonen zerstört, mit denen E. V. R. seine Wahrnehmung mit seinen Gefühlen koppelte.« Damit hat er den Kontakt zu dem organischen Meßinstrument verloren, mit dessen Hilfe der Mensch seine Entscheidungen trifft: die Gefühle. Auch das ließ sich in einem Versuch nachweisen. Dabei zeigten die untersuchenden Neurologen E. V. R. Bilder von Landschaften, Küchengeräten oder Autos. Dazwischen mischten sie gräßliche Szenen von Kriegsverstümmelten. Während E. V. R. die Bilder betrachtete, zeichnete ein Lügendetektor seine Gefühlsreaktionen auf. Bei allen gesunden Versuchspersonen hatte das Gerät heftige Ausschläge gemessen, sobald die Verwundeten auf den Photos zu sehen waren. E. V. R. jedoch konnte die Bilder nur beschreiben, er sagte etwa: »Ein gräßliches Photo. Ich müßte jetzt wohl erschüttert sein.« Das Gerät jedoch, das seine Gefühlsreaktionen registrieren sollte, zeigte keinerlei Ausschläge.
Die Untersuchungen und das Verhalten von Patienten mit ähnlichen Operationen oder mit Hirnschädigungen im Stirnbereich zeigen zweifelsfrei auf, daß der Sitz unseres Gewissens, unserer Gefühle und unserer Emotionen im Stirnhirn zu lokalisieren ist. Wie stark unser Gewissen und unsere Gefühle in einen Entscheidungsprozeß einbezogen werden, entscheidet die augenblickliche Aktivität unseres psychogenen Hirnfeldes in und über diesem Hirnsektor. Wie aktiv dieses Hirnzentrum schon im Kindesalter ist, in dem Zeitraum, wo das kindliche Gehirn erfährt, was gut und was schlecht (böse) ist, wo Gebote und Verbote erlernt werden, entscheidet über den Charakter des Kindes, über sein Verantwortungsgefühl, über Rücksichtnahme, Ethik, Hilfsbereitschaft, Gefühlsstärke ... Das Hirnfeld in diesem Sektor entscheidet über das entstehende Gewissen, die Instanz, die wir als das zweite Ich bezeichnen können, als die zweite Seele, die in unserer Brust wohnt. Doch welche Konsequenzen ergeben sich daraus? Ein gütiger, hilfsbe-

reiter, ordentlicher Mensch, wie zum Beispiel die Friedensnobelpreisträgerin Mutter Teresa, die sich unermüdlich und beispiellos für die Armen und Kranken einsetzt, könnte durch eine Verletzung, durch eine Erkrankung des Stirnhirns ihren bisherigen Charakter völlig verlieren, ja eigentlich große Anteile von dem, was wir als die Seele ihrer Person bezeichnen. Aus Mitleid, Liebe, Hingabe würde bestenfalls Gleichgültigkeit werden. Dieser Forschungszweig konfrontiert uns mit den letzten Geheimnissen unseres Selbst. Neue Möglichkeiten der Persönlichkeitstherapie zeichnen sich ab, Biofeedbacktraining des richtigen Hirnzentrums kann Veränderungen erzielen, die der Psychotherapie völlig neue Dimensionen erschließen.

Emotionen — und wie sie entstehen

Unsere Messungen machten deutlich, daß zum Entstehen einer Emotion elektrische Aktivität im Gehirn nötig ist. Depressionen, Angst, Lustlosigkeit usw. sind von einer verstärkten Aktivität von Teilen der rechten Gehirnhälfte begleitet. Bei einer Schwäche der linken Hemisphäre kommt es fast immer zu einer »Katastrophenreaktion«. Das Beseitigen und Verhindern der Überaktivität mittels Biofeedbacktraining oder anderer Trainingsmethoden läßt zumindest Depressionen, Ängste und andere psychische Krankheitsformen verschwinden, da bei den meisten dieser Störungen eine asymmetrische Beteiligung der beiden Hirnhälften zu finden ist. Dies zeigt auch eine Untersuchung der hirnmorphologischen Veränderung bei Altersdepressionen, durchgeführt von der Psychiatrischen Klinik der Universität Düsseldorf: Untersucht wurden mittels Computertomographie altersdepressive Patienten, die mit einer psychiatrisch unauffälligen Kontrollgruppe im gleichen Alter verglichen wurden. Die Untersuchungsergebnisse zeigten, daß bei den altersdepressiven Patienten eine eindeutige Veränderung der linken Gehirnhälfte vorlag. Für uns liegt die Vermutung nahe, daß es durch zuwenig Zuspruch, zuwenig intellektuelle Beanspruchung, also zuwenig Linkshirnaktivität zu Schrumpfungen von Teilen der linken Gehirnhälfte gekommen ist. Durch die so entstandene Rechtshirn-Überaktivität, also durch die verstärkte Aktivität des rechten psychogenen Hirnfeldes, entstand die Altersdepressivität. Es ist wissenschaftlich erwiesen, daß eine Verbesserung der Stimmung (Freisein von Depressionen) eine Stärkung des Immunsystems zur Folge hat und eine effektive, begleitende Maßnahme bei körperlichen Erkrankungen ist.

Die Hirnfeldtypen

Messungen des psychogenen Feldes zeigen, daß je nach den Funktionen der beiden Gehirnhälften bestimmte psychische und körperliche Zustände entstehen. Wenn zum Beispiel die linke Gehirnhälfte nicht richtig aktiv oder durch Verletzung beeinträchtigt ist, führt dies sehr oft zu Verstimmungen, Depressionen und Lustlosigkeit. Schon kleine Aufregungen lösen Panik und Angst aus. Der gesundheitliche Zustand verschlechtert sich. Wenn die rechte Gehirnhälfte nicht richtig aktiv oder durch Verletzung beeinträchtigt ist, verändert sich das Verhalten ins Gegenteil: Die Stimmung ist meist gut, optimistisch, positiv, locker. Unternehmungslust (bis hin zur Euphorie) herrschen vor, der gesundheitliche Zustand bessert sich. Messungen zeigen, daß die hinteren Bezirke der rechten Gehirnhälfte stärker auf die Wahrnehmung von Gefühlen spezialisiert sind.

Der Linkshirn-Typ

- argumentiert logisch und hat für alles Erklärungen
- ist zukunftsbezogen
- hat nie Zeit und ist mit »Volldampf in den Herzinfarkt« unterwegs
- kennt keinerlei Körpergefühl
- ignoriert die Warnsignale seines Körpers
- ist nervös, unruhig, hektisch, überdreht, euphorisch
- lernt schnell, seinen Zustand zu verbessern
- neigt zu Hypochondrie
- kann mit Bildern wenig anfangen

Linkshirn-Typen übernehmen gern die Leitung und Steuerung von Aktivitäten und Unternehmungen. Sie sind aufgabenorientiert, ergebnisorientiert, arbeiten gerne mit Listen von Dingen, die zu erledigen sind. Sie brauchen zum glücklichen Leben Erfolg und Anerkennung, aber auch Ordnung und Struktur.

Der linkshirnige Typ löst seine Probleme logisch, analytisch, Schritt für Schritt. Er bevorzugt Zahlen, Fakten in logischer Abfolge, interessiert sich für Technik, Finanz- oder Rechnungswesen. Er lernt in der Auseinandersetzung mit Fakten.
Der Linkshirn-Typ ist zumeist leicht und tief zu hypnotisieren.

Der Rechtshirn-Typ

- spricht in Gefühlen, oft negativ
- ist vergangenheitsbezogen
- versucht alle möglichen Therapien und bricht sie wieder ab
- ist mit nichts zufrieden, depressiv, launisch, emotional schwankend
- ist selbstzerstörerisch, rechnet immer mit dem Schlimmsten
- lernt langsam und oft qualvoll (für die anderen!), seinen Zustand zu verbessern
- hat oft Charisma

Rechtshirn-Typen suchen Arbeiten, oder, in der Sprache des Rechtshirn-Typen gesprochen, Tätigkeiten, die Spaß machen, wie Malen, Musizieren, Zeichnen, Gartenarbeit, gestaltgebende Tätigkeiten. Sie denken an vieles gleichzeitig, beginnen mehrere Tätigkeiten auf einmal, brauchen eine Menge Platz, haben eine große Ausdrucksfähigkeit (solange sie sich nicht zu sehr dämpfen), sind mitteilsam, oft spirituell und erfinderisch, reißen andere durch ihre Ideen mit, sind oft wortgewandt und suggestiv.
Der Rechtshirn-Typ löst seine Probleme intuitiv, mit Gefühl für das Ganze. Er bevorzugt Konzepte, ist für Entwicklungen offen, lernt durch Handeln und Beobachten.
Ist zumeist von anderen schwer in tiefe Hypnose zu versetzen.

Der Ganzhirn-Typ

Der Ganzhirn-Typ — der Ausgeglichene — ist zumeist unauffällig bescheiden. Ihm gehen die extremen Ausprägungen, die charakteristischen Eigenschaften der starken Hirnhälftenbetonungen ab. Er ist kreativ, denn Kreativität entsteht immer beim Einsatz aller geistigen Möglichkeiten: logisches Denken — also Linkshirnaktivität —, aber auch Visionen und räumliches Denken — also Rechtshirnaktivität —, sind dazu nötig.

linke Hemisphäre	rechte Hemisphäre
der Wissenschafter	der Weise
digital	analog
sprechen und schreiben	klangliches Musikempfinden
analysiert	spekuliert
mathematisch	symbolisch
zeitlich orientiert	räumlich orientiert
Bewußtes-Ich	Unbewußtes-Es
Objektebene	Metaebene
ist realistisch	ist neugierig
vermeidet Risiko	liebt das Risiko
stellt Regeln auf	bricht Regeln
kontrolliert	spielt
folgert rational	ist ungeduldig
vermeidet Fehler	mag das Neue
dominiert	phantasiert
ist Objekt	ist Subjekt
ist konvergierend	ist divergierend
logisch	figurativ
merkt sich Namen	merkt sich Gesichter
linear, detailliert	intuitiv, kreativ
kontrolliert	emotional
analytisch	träumerisch
spricht das Wort	sieht das Bild
Argument	Erfahrung
beobachtet	fühlt
Zeit, Historie	Ewigkeit, Zeitlosigkeit
konsequent	sprunghaft
vernünftig	genießerisch
rational	räumlich
nüchtern	charismatisch

Der nun folgende Test soll Ihnen helfen, Ihre dominante Hirnhälfte auch ohne Hi-Tech-Messungen zu bestimmen. Er soll und kann natürlich nur eine Hilfe darstellen. Um absoluten Aufschluß über die Hirnhälftendominanz zu erzielen, müßten das psychologische Hirnfeld und seine Reaktionen auf Streß und Anforderung gemessen werden.

Hirndominanztest

Nehmen Sie sich 15 Minuten Zeit und ein Schreibgerät zur Hand. Die 28 Fragen, auf die Sie mit Ja oder Nein antworten sollen, ermitteln, ob Sie mehr links- oder mehr rechtshirnig denken und fühlen. Ein Ja heißt, die Frage trifft auf Sie weitgehend zu, ein Nein heißt, die Frage trifft auf Sie überhaupt nicht zu. Streichen Sie Ihre Antworten an, zählen Sie die Punkte zusammen und tragen Sie diese in die Kästchen ein.

	JA	NEIN
1. Haben Sie Geduld und gehen Sie eine Aufgabe von verschiedenen Gesichtspunkten her an, bis Sie schließlich eine Lösung gefunden haben?	1	0
2. Können Sie etwas gut in eher groben Zügen planen und beschreiben?	1	0
3. Bringen Sie gerne Ordnung in etwas und achten Sie auf die richtige Reihenfolge?	1	0
4. Denken Sie sehr logisch und können Sie erkennen, warum sich andere Menschen auf eine bestimmte Art und Weise verhalten?	1	0
5. Können Sie ein paar Worte in mehreren Fremdsprachen sprechen?	1	0
6. Können Sie meistens die richtigen Worte finden, um Ihre Gefühle zu beschreiben?	1	0
7. Fällt Ihnen das Kategorisieren und das Ordnen von Unterlagen leicht?	1	0
8. Sind Sie in Ihren Ansichten objektiv, versuchen Sie erst die Tatsachen zu erkennen, bevor Sie eine Entscheidung treffen?	1	0
9. Lieben Sie Puzzles und Wortspiele?	1	0
10. Suchen Sie den Sinn einer Sache, die sinnlos erscheint, können Sie die Gedanken eines anderen Menschen interpretieren?	1	0
11. Bevorzugen Sie Zahlen oder Fakten in logischer Abfolge?	1	0

12. Bevorzugen Sie einen geordneten und übersichtlichen Arbeitsplatz/Studienplatz?	1	0
13. Haben Sie wenig Zeit?	1	0
14. Interessieren Sie sich für Technik und technische Lösungen?	1	0
15. Handeln Sie manchmal spontan und sind Sie manchmal voreilig in Ihren Schlußfolgerungen?	1	0
16. Sind Sie ein Tagträumer, sind Ihre nächtlichen Träume wirklichkeitsnahe und spannend?	1	0
17. Sind Sie an Musik, Malerei, Tanz und ganz allgemein an künstlerischen Ausdrucksformen interessiert?	1	0
18. Fehlt Ihnen ein besonders ausgeprägtes Gefühl für Zeit?	1	0
19. Bilden Sie sich ein Urteil öfter aufgrund Ihres Gefühls als aufgrund von Fakten?	1	0
20. Haben Sie manchmal das Gefühl, etwas schon einmal gesehen oder erlebt zu haben — wie in einem anderen Leben?	1	0
21. Haben Sie häufig gewisse Ahnungen und folgen Sie oft Ihrem Instinkt?	1	0
22. Sind Sie ein visueller Typ? Können Sie sich Orte am besten über Farben einprägen?	1	0
23. Weinen Sie leicht und sind Ihre Gefühle schnell verletzt?	1	0
24. Sind Sie romantisch, sind Schönheit und Luxus für Sie wichtig?	1	0
25. Denken Sie oft an Vergangenes?	1	0
26. Lernen Sie leicht durch Tun und direktes Beobachten?	1	0
27. Bezeichnen viele Ihren Arbeitsplatz/Studierplatz als chaotisch und ungeordnet?	1	0
28. Interessieren Sie sich für Psychologie und ganzheitliche Heilmethoden?	1	0

Auswertung

Zählen Sie zusammen, wie viele Testfragen Sie von den Fragen 1 bis 14 mit Ja beantworten konnten, diese Punktezahl hat mit dem Gebrauch der linken Hirnhälfte zu tun. Dann zählen Sie zusammen, wie viele Testfragen Sie von den Fragen 15 bis 28 mit Ja beantworten konnten, diese Punktezahl hat mit dem Gebrauch der rechten Gehirnhälfte zu tun.

Punkteanzahl linke Hirnhälfte

Punkteanzahl rechte Hirnhälfte

Wenn nun eine Hirnhälfte stark zu dominieren scheint (z. B. acht Punkte links gegenüber drei Punkten rechts), dann weist das auf eine stärkere Bevorzugung der linken Hirnhälfte hin. Steht das Punkteverhältnis aber eher unentschieden (z. B. acht Punkte zu sieben Punkte), dann scheinen Sie bei richtiger Fragebeantwortung ziemlich ausgewogen zu denken und zu fühlen. Überprüfen Sie noch, welcher Streßtyp (siehe Seite 58) Sie sind, vielleicht hilft Ihnen dies, Ihre Hirndominanz näher einzugrenzen. Eine genauere Auskunft über Ihre Hirndominanz könnte im Zweifelsfalle nur noch die Biofeedbackmessung des psychogenen Hirnfeldes erbringen.

Hirndominanzgrafik

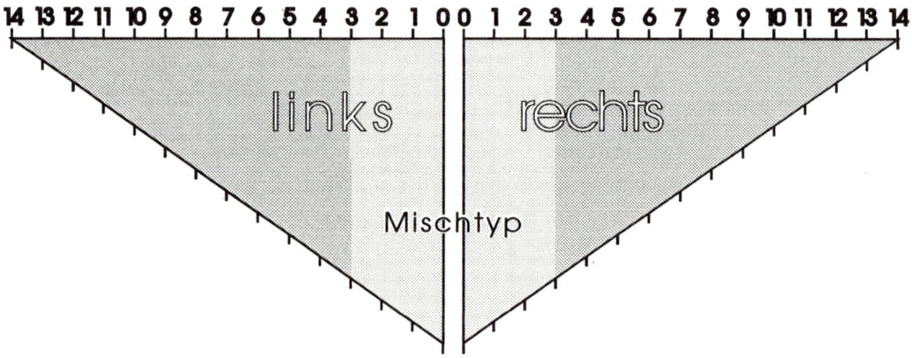

Ziehen Sie mit einem Schreibstift bei der jeweiligen Punktemarke einen Strich. So können Sie Ihre Hirnform (Hirndominanz) bildlich darstellen.

Zwei Nervensysteme regeln unseren Körper

Schon länger wußten wir, daß der rechtshirnige Typ zumeist zu einer Überaktivität des parasympathischen Nervensystems (Vagus) neigt. Das parasympathische Nervensystem ist ein Teil des vegetativen Nervensystems (oft auch autonomes Nervensystem genannt), das sämtliche zumeist unbewußt ablaufende Vorgänge im Organismus reguliert und überwiegend unabhängig, autonom von unserem Willen arbeitet. Das vegetative Nervensystem setzt sich aus dem sympathischen Nervensystem und dem schon angesprochenen parasympathischen Nervensystem zusammen.

Das sympathische Nervensystem ist das System der Aktionen, der Sofortreaktionen, das in akuten Situationen alle erforderlichen Prozesse des Körpers zur Auseinandersetzung mit dem Problem, zum Beispiel einer Gefahr, einleitet. Der Parasympathikus hingegen aktiviert alle Vorgänge, die der Erholung, der Verdauung und dem Aufbau dienen. Damit jeder Vorgang reibungslos funktionieren kann, sollten beide Systeme harmonisch zusammenarbeiten. Prinzipiell ist uns ein ausgewogenes Nervensystem angeboren. Durch äußere Einflüsse wie dauernden Streß, Erziehung, Ängste etc. kann diese Ausgewogenheit jedoch gestört werden. Je nachdem, welches System die Oberhand gewinnt, kommt es dann zu den typischen Reaktionsweisen eines Sympathikotonikers oder eines Vagotonikers.

ORGAN	*FUNKTION DES SYMPATHIKUS*	*FUNKTION DES PARASYMPATHIKUS*
Gehirn	Aufmerksamkeitssteigerung	Aufmerksamkeitsdämpfung
Auge	Pupillenerweiterung, Kontraktion des Ziliarmuskels für Nahsicht	Pupillenverengung, keine Verbindung
Tränendrüsen	geringer oder kein Effekt	Sekretion
Speicheldrüsen	dicke, visköse Sekretion	reichliche, wäßrige Sekretion
Herz	Zunahme von Schlagfrequenz und Schlagstärke, Erweiterung der Herzkranzgefäße (indirekt?), Verkürzung der Überleitungszeit	Schlagverlangsamung, Verengung der Herzkranzgefäße (indirekt?), Verlängerung der Überleitungszeit
Lunge	Bronchienerweiterung, Hemmung der Sekretion	Bronchienverengung, Stimulation der Sekretion
Verdauungstrakt	Peristaltikhemmung	Stimulation von Peristaltik
Leber bzw. Gallenblase	Freisetzen von Glukose	Ausstoßen von Galle
Nebennierenmark	Sekretion von Adrenalin	keine Verbindung
Niere	Gefäßverengung und Hemmung der Urinbildung	kein Effekt (?)
Blase	Harnverhaltung	Harnentleerung
Anus	Kotverhaltung	Defäkation
Genitalien	Ejakulation	Penis- und Klitoriserektion
Schweißdrüsen*	Sekretion	keine Verbindung
Haarfollikel*	Sträuben der Haare	keine Verbindung
Blutgefäße*	meist Verengung, Erweiterung in einigen Muskeln	außer Erweiterung im Genitalbereich keine Verbindung
Pupillen	Dilatation	—

* Die peripheren Blutgefäße und die Schweißdrüsen werden nur vom Sympathikus aktiviert

Der Sympathikotoniker

Eher der linkshirnige Typ.
Ein vom Sympathikus regierter Mensch fühlt sich häufig angespannt, neigt zu Bluthochdruck und Kopfschmerzen. Er leidet unter Unruhe, Nervosität, feuchten Händen, Konzentrationsproblemen durch Überaktivität, Einschlafschwierigkeiten und Herz-Kreislauf-Problemen. In akuten Streßsituationen reagiert er aufbrausend und aggressiv, indem er »in die Luft geht« oder schreit. Durch die Dominanz des Sympathikus gerät er zu schnell in Alarmbereitschaft. Der Sympathikotoniker reagiert aktiv, extrovertiert, aggressiv und mit aktiver Muskelspannung. Unbewußt spannt er seine Rumpf- und Rückenmuskeln an und geht zumeist betont aufrecht. Viele dieser Menschen neigen zu erhöhtem Alkoholkonsum, da sie erkannt haben, daß Alkohol sie in Streß- und Angstsituationen entspannt und beruhigt. Daraus kann binnen kürzester Zeit ein Suchtproblem entstehen. Das Erlernen einer Entspannungsmethode wäre daher angebracht. Seine Überaktivität sollte der Sympathikotoniker durch ausgiebige Erholungsurlaube ausgleichen (keine Aktivurlaube). Saunabesuche und Massagen sollten eingeplant werden. Besinnliche Aufenthalte in freier Natur dürfen nicht zu kurz kommen.
Das Zusammenleben mit Katzen, Fischen, allen Tieren, die ruhig sind und beruhigend wirken, tut dem Sympathikotoniker gut.
»Reg' dich nicht über Kleinigkeiten auf, das Leben besteht nur aus Kleinigkeiten!«, gilt als Regel für den Sympathikotoniker.
Der geborene Sympathikotoniker kann durch Zwang oder Versagen rein äußerlich zu einem Vagotoniker »umfunktioniert« werden.

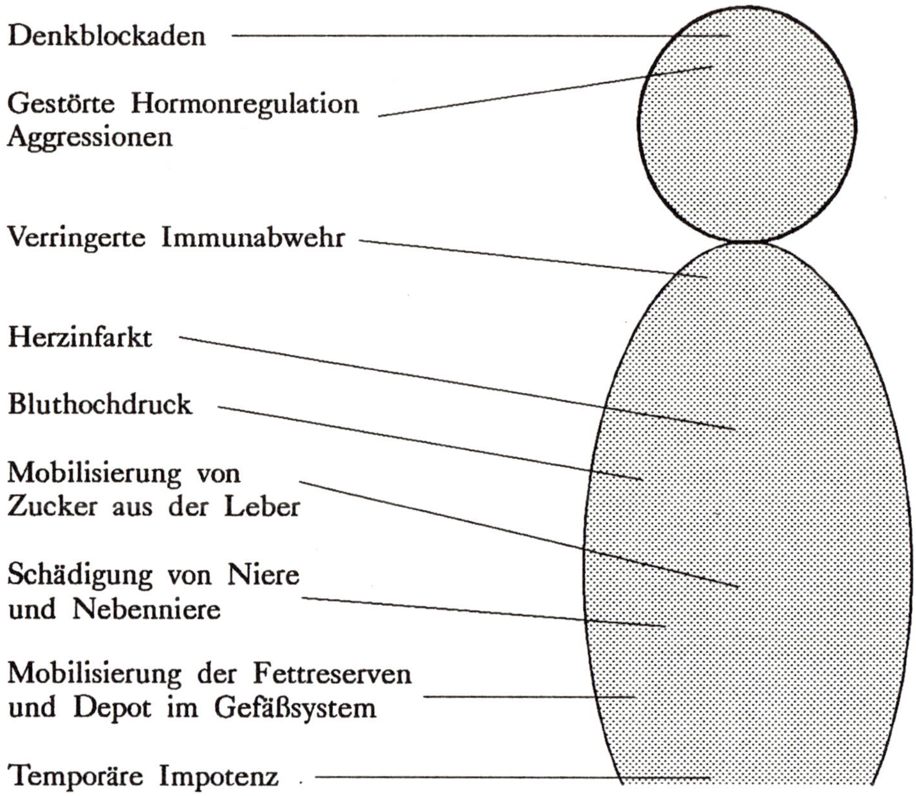

Der Sympathikotoniker:
der aggressiv Reagierende, eher leicht zu hypnotisieren

Der Vagotoniker

Eher der rechtshirnige Typ. Beim Vagotoniker ist das Gleichgewicht in Richtung Parasympathikus (Vagus) verschoben. Äußerlich ist diesen Menschen kaum eine Regung anzusehen. Sie wirken oft betont ruhig und beherrscht. Ihre inneren Konflikte tragen sie durch parasympathische Reaktionen, beispielsweise durch Magen-Darm-Störungen aus. Auch dieser Typ kann in akuten Situationen mit Kopfschmerzen (durch Blutdruckabfall, Blutleere im Kopf) reagieren. Durch Unterversorgung des Gehirns sind Konzentrationsprobleme ebenfalls häufig zu beobachten. Der Vagotoniker reagiert dann eher mit Schwindelgefühl, Benommenheit und Müdigkeit. Da er ohnehin ständig versucht, sich zu dämpfen, sollte er Entspannungstechniken (zum Beispiel autogenes Training) tunlichst vermeiden. Ein typischer Vagotoniker wird bei solchem Training unter Umständen noch lethargischer oder sogar depressiv. Vagotoniker sollten in ihrer Freizeit unbedingt aktivierende Tätigkeiten vorziehen (Aktivurlaub, Reiten, intensive Gartenarbeit), auch wenn sie ihrer Grundeinstellung widerstreben.

Der Vagotoniker reagiert passiv, introvertiert, depressiv und mit passivem Muskelreflex. Er spannt unbewußt Nacken, Schultern, Arm- und Beinmuskeln an, er geht eher in gebückter Haltung durchs Leben. Er bildet einen Muskelpanzer um seinen Schultergürtel aus.

Dem Vagotoniker tut das Zusammenleben mit Hunden gut, die die Bewegung lieben (eher größere Rassen) — und mit allen Tieren, die zur Aktivität anregen.

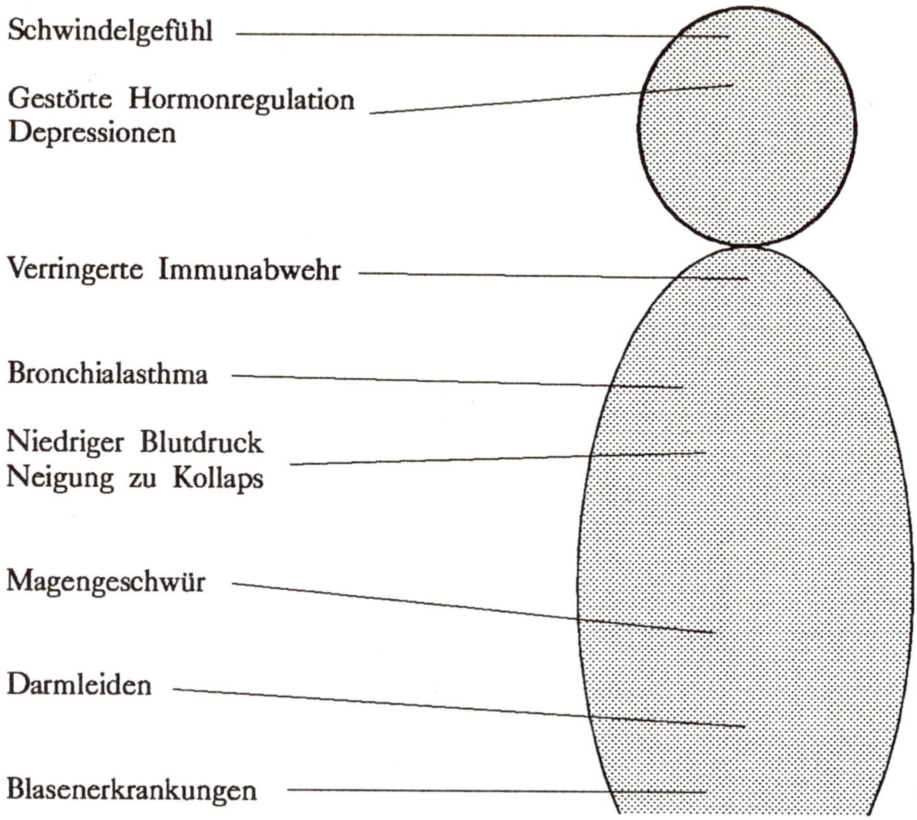

Der Vagotoniker:
der Gedämpfte, der Tagtrance-Typ, eher schwer zu hypnotisieren

Die Einteilung in Sympathikotoniker und Vagotoniker ist nicht als absolut zu verstehen, hier werden vielmehr die vorherrschenden Tendenzen beschrieben. Ein Vagotoniker kann unter bestimmten Umständen auch sympathikotonisch reagieren, und umgekehrt. In der Praxis aber besteht ein deutlicher Überhang in eine bestimmte Richtung. Bei der Aufzählung der verschiedenen Symptome wurde hier die Extremform gewählt. Sie dient nur zur Veranschaulichung der beiden Reaktionstypen. Es soll nicht bedeuten, daß bei ihnen alles zutreffen muß. Doch wird bei beiden Typenbeschreibungen deutlich, wie unterschiedlich sich Menschen in derselben Streßsituation verhalten können.

Streß — und wie er auf die einzelnen Persönlichkeitstypen wirkt

Das Wort Streß gehört heute zu einer der meistverwendeten Vokabeln im alltäglichen Sprachgebrauch. Fast jeder fühlt sich irgendwie gestreßt, meint damit aber zumeist angespannt, überlastet, nervlich und körperlich erschöpft. Das Wort Streß ist zu einem Sammelbegriff für hektisches Treiben, nervenaufreibendes, belastendes, lust- und freudeverhinderndes Geschehen geworden. Diese so selbstverständliche negative Verwendung des Wortes Streß ist aber nur eine Seite der Medaille. Streß ist so alt wie die Menschheit selbst, es gibt ihn nicht erst seit der modernen Industriegesellschaft, die neue Formen des Stresses schuf, sondern er ist untrennbar mit dem Leben verbunden. Auch in der Tierwelt kann man Streßeinwirkungen beobachten. Streß kann verheerende Folgen haben, direkte und Langzeitwirkungen. Streß kann aber auch förderlich sein für die Leistungsfähigkeit und Abwehrkraft des Menschen. So hat der Mensch als Spezies trotz oder gerade wegen Streß überlebt, und dies durch seine funktionstüchtigen Anpassungsmechanismen und seine Fähigkeit, strategisch auf Belastungen zu reagieren.

Problematisch ist es in der heutigen (Neu-)Zeit geworden, wo zur Streßbelastung in Familienleben, Beruf und Freizeit noch eine Reihe hochgefährlicher Risikofaktoren hinzukommt. Hier seien nur einige dieser Zusatzbelastungen aufgezählt: zu wenig Bewegung, Rauchen, Umweltverschmutzung, falsche und zu fette Ernährung, Alkohol- und Tablettenmißbrauch, ständige Lärmbelästigung etc. Zu hohe Streßbelastung wirkt sich bei jedem Menschen verschiedenartig, etwa in einer Muskelverspannung, aus.

Der sympathikotonische Typ unter Streßbelastung

Die ständig erhöhte Muskelspannung bringt bei vielen Sympathikotonikern eine Reihe von körperlichen Beschwerden mit sich. Kreuzschmerzen, Ischias, Bandscheibenprobleme, Schmerzzustände im Lendenwirbelbereich, schmerzhafte Verspannungen der Rückenmuskulatur, Hohlkreuz, aber auch Migräne, Gedächtnisschwäche durch Überaktivität des Gehirns. Hier wäre ein Gegentraining durch Elektromyogramm-Biofeedback/systematische Muskelentspannung vonnöten, ebenso wie ein angepaßtes Entspannungstraining.

Der vagotonische Typ unter Streßbelastung

Auch beim Vagotoniker kommt es zu Muskelverspannungen, allerdings eher im Schulterbereich, die in der Folge Spannungskopfschmerzen erzeugen können, zu Schwindelgefühl, Schulterschmerzen, Gedächtnisschwäche durch Unterversorgung des Gehirns, Magen- und Darmbeschwerden, Magen- und Darmgeschwüren, niederem Blutdruck, Bronchialasthma. Angesagt wäre in diesem Falle ein Gegentraining mit Elektromyogramm, eine systematische Muskelentspannung des Schultergürtels etc. Der Vagotoniker sollte auch nicht vergessen, daß bewußtes Atmen Verbindung zum Hier und Jetzt schafft.

Damit Sie sich besser kennenlernen und im Laufe der Zeit mit Streß angemessen umgehen können, sollten Sie versuchen, sich zu beobachten und herauszufinden, in welcher Situation Sie in Streß kommen. Denken Sie einmal darüber nach, wie Sie auf Streß reagieren, das heißt wie Sie Ihr Erleben, Ihr Verhalten und Handeln und Ihre Körperfunktionen verändern und welche Maßnahmen Sie dann im allgemeinen ergreifen, um Ihren Streß zu kontrollieren, und weiter, wie diese Maßnahmen wirksam gestaltet werden können, verbessert werden können beziehungsweise zu verändern wären. Vielleicht finden Sie heraus, daß Sie auch in eigentlich nichtigen Situationen heftig gestreßt reagieren und Ihre Bewältigungsmaßnahmen, Bewältigungsstrategien in Konsum von Alkohol, Zigaretten, Naschereien oder gar Medikamenten besteht. Gerade im Falle des infarktgefährdeten sympathikotonischen Typs ist festgestellt worden, daß er seine Gesundheit zumeist völlig falsch einschätzt. In seiner Neigung, Streßbelastungen zu verleugnen und herunterzuspielen, geht er bei anstrengenden Aufgaben und Herausforderungen bis an die Erschöpfungsgrenze und gesteht sich Ermüdungs- und Überforderungssymptome nur sehr spät ein. Durch seine chronischen Körperverspannungen ist er weitaus weniger sensibel für Alarmsignale des Körpers, und somit liegt die Schwelle für einen Arztbesuch sehr hoch. Untrügliche Warnzeichen wie Konzentrationsschwäche, Schlafstörungen, Launenhaftigkeit, Vergeßlichkeit, Sehstörungen, Schweißausbrüche, Mattigkeit etc. werden meistens nicht beachtet und bagatellisiert. Darüber hinaus werden solche Signale auch deswegen nicht ernstgenommen, weil sie oft in einer Zeit kraftvoller Aktivität in Erscheinung treten und dann wie eine lästige Grippe nur so nebenbei Beachtung finden. Wochen zuvor war man noch in einer glänzenden Verfassung, konnte ein überdurchschnittliches Arbeitspensum scheinbar mühelos erledigen, trieb topfit Sport (in Disziplinen mit ausgeprägtem Wettkampfcharakter, zum Beispiel Tennis etc.) ... da kann doch gar nichts Ernstes vorliegen. Vielleicht tritt man am Wochenende ein wenig kürzer, läßt das anstrengende Joggingprogramm und geht dafür nur etwas spazieren. Das wird schon wieder alles in Ordnung bringen. In Wirklichkeit baut sich jedoch nach solch erzwungenen Erholungsphasen ein neuer Hunger nach Bestätigung und Streßbelastung auf. Endlich wieder fit sein und zeigen, was man draufhat. Da der sympathikotonische Typ immer bemüht ist, durch Leistung Anerkennung zu erhalten, sich sichtbare Statussymbole und materielle Prestigegüter zu verschaffen, läuft er sein ganzes Leben auf Hochtouren. Sein Blick ist starr darauf fixiert, alles um ihn herum im Griff zu haben. Seine innere Welt ist ihm ein unbekanntes Land. Mit Dingen wie Phantasie, Beschaulichkeit, Tagträumen, Intuition oder Selbstreflexion kann er im allgemeinen recht wenig anfangen, da sie ihm zuwenig handfest, zu vage und auch zu gefährlich sind. Was bringen sie ihm denn auch ein — außer nutzlosen Psychoproblemen?

Völlig anders verhält sich der sogenannte vagotonische Typ. Im Gegensatz zum sympathikotonischen Typverhalten, das erwiesenermaßen als Risikofaktor für koronare Erkrankungen gilt, hat der vagotonische Typ keinerlei Neigung, durch Leistung und Erfolg anerkannt und ge-

schätzt zu werden. Seine Wettbewerbs- und Leistungsorientierung ist schwach entwickelt, sowohl in der Berufs- und Arbeitswelt als auch in der Freizeit, beim Hobby, im Familienleben und Sport. Es mangelt ihm einfach an Antriebskraft, Engagement, Motivation. Er hat lieber seine Ruhe in der Zurückgezogenheit, läßt anderen den Vortritt und vermeidet es, sich zu profilieren, da ein solches Bestreben mit unerwünschten Verpflichtungen verbunden ist. Zeitdruck und anpackende Dynamik sind für ihn Fremdwörter. Er erledigt seine alltäglichen Aufgaben am liebsten mit der immer gleichen Routine eines Bürokraten. Zwar lebt ein solcher vagotonischer Typ offensichtlich gesünder, doch macht ihn seine lethargische, langweilige Lebensweise alles andere als attraktiv. Als Widerpart des Leistungsdynamikers ist er in unserer Gesellschaft stark unterrepräsentiert. Bei Behörden und Ämtern mit ihren klar umrissenen Aufgabenzuweisungen, die Tag für Tag den gleichen Zeitrhythmus und Arbeitsanfall aufweisen, fühlt er sich sicher und geborgen. Die Wiederkehr des ewig Gleichen ist für ihn kein Schreckgespenst, sondern Bedingung seiner einseitigen, passiven Lebensorientierung und Lebensgewohnheit.
Der Streßtest, eine weitere Typenbestimmung, wird Ihnen helfen, Ihr Charisma-Training richtig abzustimmen. Nehmen Sie sich ein Schreibgerät und 15 Minuten Zeit. Streichen Sie Ihre Antworten an. Zählen Sie die Punkte zusammen und tragen Sie sie in die Kästchen ein.

Streßtest — *Teil 1*

	JA	NEIN
1. Haben Sie Schwierigkeiten beim Ein- und/oder Durchschlafen?	1	0
2. Zittern Ihre Hände häufig?	1	0
3. Leiden Sie unter Ohrensausen und/oder Augenflimmern, Lidflattern?	1	0
4. Haben Sie einen empfindlichen Magen?	1	0
5. Halten Sie sich für nervös?	1	0
6. Leiden Sie unter unregelmäßigem Herzschlag und/oder Herzstolpern?	1	0
7. Fühlen Sie sich nach dem Erwachen öfter/immer müde und zerschlagen?	1	0
8. Fühlen Sie öfter Stiche in der Brust?	1	0

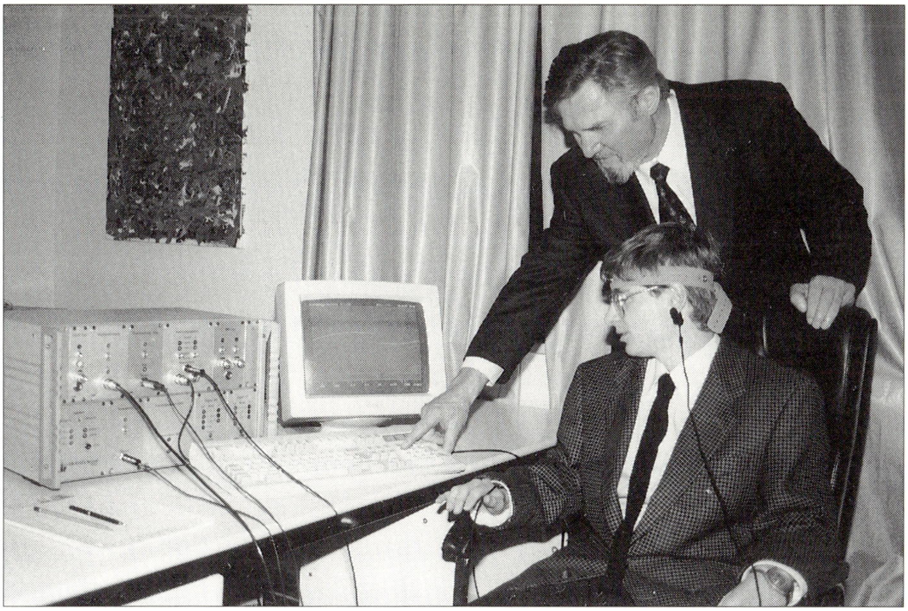

Streßtest im IBF

9. Kommt Ihr Körper nur selten zur Ruhe? Können Sie sich nur selten entspannen?	1	0
10. Reagieren Sie sensibel auf Witterungsänderungen und raschen Klimawechsel?	1	0
11. Leiden Sie unter häufigem unwillkürlichem Zucken der Gesichts-, Schulter- und/oder Armmuskeln?	1	0
12. Sind Sie auf verschiedene Stoffe allergisch?	1	0
13. Haben Sie eine regelmäßige Arbeitszeit?	1	0
14. Arbeiten Sie unter Zeitdruck?	1	0
15. Sind Sie häufig auf Dienstreisen?	1	0
16. Sind Sie oft auf Reisen mit Klima- und/oder Zeitunterschied?	1	0
17. Regen Sie sich rasch über jemanden oder etwas auf?	1	0
18. Können Sie oft Wut und Ärger nicht beherrschen?	1	0
19. Fühlen Sie sich oft unter Druck, so als stünden Sie vor einer »Explosion«?	1	0
20. Verlieren Sie oft die Geduld oder werden Sie leicht wütend?	1	0
21. Haben Sie schon aus Wut etwas zerstört?	1	0
22. Sagen Sie oft unüberlegt etwas, was Sie später bereuen?	1	0

23. Verlieren Sie leicht die Beherrschung, wenn jemand Sie angreift?	1	0
24. Reagieren Sie sich bei Zorn in körperlicher Betätigung ab?	1	0
25. Wenn etwas schiefgeht, regt Sie das besonders auf?	1	0
26. Ärgert es Sie, wenn man Witze über Sie macht?	1	0
27. Sind Sie oft in bedrückter Stimmung?	1	0
28. Streiten Sie lieber, als daß Sie nachgeben?	1	0
29. Lassen Sie den Mut schnell sinken, wenn alles gegen Sie ist?	1	0
30. Schmieden Sie gerne Pläne, ehe Sie konkret handeln?	1	0
31. Sind Sie oft schlecht gelaunt?	1	0
32. Nehmen Sie die Dinge oft schwerer als sie sind?	1	0
33. Gibt es viele Dinge, die Sie oft ärgern und/oder aufregen?	1	0
34. Lassen Sie sich durch Kleinigkeiten stören und aus der Ruhe bringen?	1	0
35. Nehmen Sie die Dinge schwerer als andere Menschen?	1	0
Zählen Sie Ihre Punkte zusammen		

Streßtest — *Teil 2*

Ihre Alkoholgewohnheiten

1. Kein oder sehr wenig Alkohol	0
2. Normaler Alkoholgenuß bei Mahlzeiten, sonst nichts	2
3. Bei geselligem Beisammensein ab und zu größerer Alkoholkonsum	4
4. Unter Streß größere Mengen Alkohol	6
5. Regelmäßiger Alkoholkonsum	7
6. Sie können ohne Alkohol nicht mehr leben	8
Zählen Sie Ihre Punkte zusammen	

Ihr Nikotinkonsum

1. Nichtraucher	0
2. Ex-Raucher	1
3. Zigarren- oder Pfeifenraucher, nicht inhalierend	4
4. Nervositätsraucher	5

5. Zigarettenraucher, 1—10 Zigaretten täglich	5
6. Zigarettenraucher, 11—20 Zigaretten täglich	8
7. Mehr als 20 Zigaretten täglich	10
Zählen Sie Ihre Punkte zusammen	

Ihre körperliche Bewegung

1. Starke körperliche Bewegung im Beruf und/oder aktiver Freizeitsportler	0
2. Mäßige Bewegung im Beruf und/oder unregelmäßiger Freizeitsportler	1
3. Kaum körperliche Bewegung in Beruf und/oder gelegentlicher Freizeitsportler	5
4. Keine oder fast keine körperliche Bewegung in Beruf oder Freizeit	8
Zählen Sie Ihre Punkte zusammen	

Ihr Ernährungsverhalten

1. Kalorienbewußt, mehrere kleine Mahlzeiten am Tag	0
2. Zwei bis drei normale Mahlzeiten am Tag, zwei davon warm	5
3. Zwei bis drei große Mahlzeiten mit unkontrollierter Nascherei zwischendurch	8
4. Sind Sie stark übergewichtig (mind. 20 kg) oder stark untergewichtig (mind. 15 kg)	6
Zählen Sie Ihre Punkte zusammen	

Beantworten Sie die folgenden Fragen nach Rücksprache oder Auskunft Ihres behandelnden Arztes:

1. Ist Ihr Blutdruck in Ordnung?	0
2. Ist Ihr Blutdruck erhöht?	4
3. Ist Ihr Blutdruck stark erhöht?	9
4. Sind Ihre Cholesterin- und Ihre Triglyceride-Werte in Ordnung?	0
5. Ist mindestens einer der beiden Werte erhöht?	4
6. Sind die Werte stark erhöht?	10
7. Ist Ihr Blutzucker in Ordnung?	0
8. Gibt es Fälle von Diabetes in Ihrer Familie?	1

9.	Leiden Sie an Diabetes und werden Sie behandelt?	6
10.	Ist Ihr Diabetes schlecht eingestellt?	8
	Zählen Sie Ihre Punkte zusammen	

Ihr Alter

20—30	1
31—40	2
41—50	3
51—60	4
darüber	5
Gesamtpunktezahl	

Auswertung

weniger als 40 Punkte: Soweit es dieser Test erfassen kann, gehören Sie zu der Gruppe von Menschen, die nahezu risikofrei und gesund leben. Achten Sie darauf, daß es so bleibt.

41—50 Punkte: Es besteht bei Ihnen noch wenig gesundheitliches Risiko. Dennoch sollten Sie vorbeugen, damit sich Ihre Situation nicht verschlechtert.

51—60 Punkte: Sie leben mit zuviel Belastung! Sie müssen die Risikofaktoren gezielt verringern. Es soll Sie aber ein wenig trösten, daß die meisten Menschen der westlichen Welt Ihre Punktezahl erreichen. Beginnen Sie sofort mit Ihrer Arbeit an sich, holen Sie sich gezielten Rat von Fachleuten.

über 60 Punkte: Ihr Gesundheitsrisiko ist hoch! Sie sollten sofort Ihre derzeitige Lebensweise ändern. Beginnen Sie mit einem Anti-Streß-Programm, bevor Sie noch mehr Schaden nehmen. Sie sollten ein beratendes Gespräch mit Ihrem Arzt führen. Beginnen Sie ein Entspannungstraining wie autogenes Training, Yoga, Biofeedbacktraining etc. Lassen Sie sich gezielt beraten.

Hier noch ein kleiner Test, mit dessen Hilfe Sie Ihren Streßtyp auch graphisch darstellen können:

		JA	NEIN
1.	Lassen Sie sich Zeit, ohne deshalb langsam zu sein?	1	0
2.	Sind Sie der Meinung, daß es sich nicht lohnt sich aufzuregen?	1	0
3.	Machen Sie immer nur eine Sache zur selben Zeit?	1	0
4.	Ist Ihr Motto: Was ich heute nicht schaffe, wird morgen erledigt?	1	0

5. Innere Ruhe, Beschaulichkeit und Ausgeglichenheit sind Ihnen mehr wert als Karriere, Macht und Wohlstand?	1	0
6. Lieben Sie ruhige Musik, Sonnenbaden, Spazierengehen, Tagträumen, Lesen?	1	0
7. Sind Sie nie von der Vorstellung geplagt, daß Sie etwas nicht schaffen?	1	0
8. Ist es Ihnen ziemlich egal, was die anderen von Ihnen denken, solange Sie selbst wissen, daß Sie Ihre Arbeit korrekt und sauber erfüllen?	1	0
9. Bleiben Sie beim Warten in einer Schlange zumeist geduldig?	1	0
10. Stört es Sie nicht, wenn einer anderer Meinung ist?	1	0

Geben Sie sich für jedes Ja einen Punkt und ziehen Sie bei der Gesamt-Punktmarke des *rechten* Dreiecks (siehe Grafik Seite 64) einen Strich [ ]

	JA	NEIN
1. Sind Sie viel zu energiegeladen, um langsam zu arbeiten?	1	0
2. Geraten Sie ziemlich schnell in Aufregung und/oder Wut?	1	0
3. Können Sie gut mehrere Dinge gleichzeitig erledigen?	1	0
4. Ist Ihr Motto: Nichts auf die lange Bank schieben, alles sofort erledigen?	1	0
5. Sind Sie erst zufrieden, wenn Sie eine gute und angestrebte Position erreicht haben und/oder wenn Sie genügend Geld zurückgelegt haben, um ein gesichertes Auslangen zu haben?	1	0
6. Haben Sie aufregende, faszinierende Hobbys wie Bergsteigen, Tauchen, Drachenfliegen, Segeln etc.?	1	0
7. Träumen Sie öfter davon, mit einer Aufgabe nicht rechtzeitig fertig zu werden?	1	0
8. Erfolg stellt sich für Sie erst dann ein, wenn auch die anderen Ihre Leistungen und Fähigkeiten anerkennen.	1	0
9. Staus und Warteschlangen machen Sie ungeduldig und gereizt.	1	0
10. Bei Meinungsverschiedenheiten versuchen Sie den anderen Ihren Standpunkt unmißverständlich klar zu machen, wobei Sie dabei öfter die Stimme erheben.	1	0

Geben Sie sich für jedes Ja einen Punkt und ziehen Sie bei der jeweiligen Gesamt-Punktmarke des *linken* Dreiecks (siehe Grafik Seite 64) einen Strich [ ]

Streßtyp-Dominanzgrafik

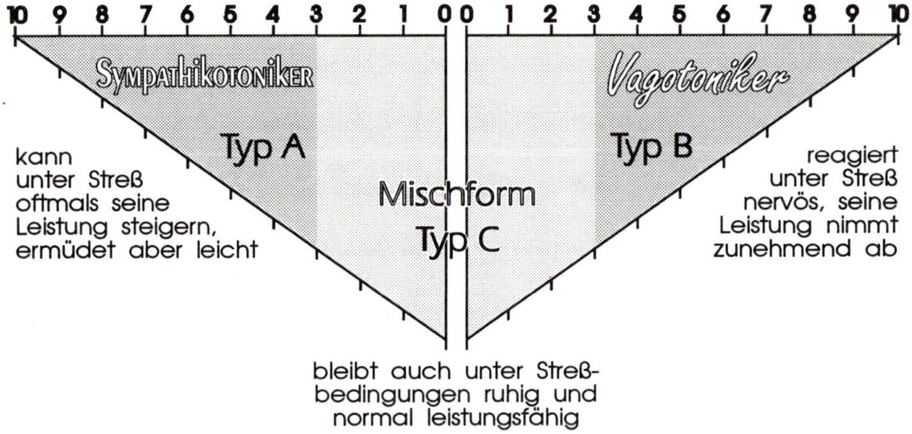

Auswertung

Tendieren Sie deutlich zu Typ A und hat der vorhergehende Streßtest Teil 1+2 hohe Werte erzielt, so empfiehlt es sich, mit einem Anti-Streß-Programm zu beginnen. Sie gehören dann wahrscheinlich dem Streßtypus A an, der sehr streßanfällig ist, sich stark leistungsbezogen verhält und sich selbst streßt.

Das Hirnfeld und die 14 Abwehrmechanismen der Angst

Was kann uns hindern, charismatisch und erfolgreich zu sein?

Wenn Sie an Ihrer Persönlichkeit arbeiten wollen, sollten Sie sich zuerst über einige Mechanismen der menschlichen Psyche im klaren sein. Einer der grundlegenden Mechanismen ist sicher die Angst mit allen ihren Konsequenzen.

Angst bedeutet im Grunde nichts anderes als eine natürliche psychische Funktion, die das geistige wie auch das körperliche Leben schützen soll. Das Angstgefühl ist nämlich ein wertvolles Korrektiv, das biologisch im Dienste der Lebenserhaltung und des Selbstschutzes steht. Angst erzeugt die Bereitschaft zu Vorsicht, Zurückhaltung, Wachsamkeit — zum Überprüfen der jeweiligen Situation. Während in der freien Wildbahn das Angstgefühl als eine durchaus positive Reaktion des Gehirns anzusehen ist, zeigt der moderne Mensch ängstliches Verhalten nicht nur in für ihn eventuell bedrohlichen Situationen physischer Art. Er reagiert auch mit Angst, wenn ihm z. B. Liebe, Zärtlichkeit und ähnliches entzogen wird, wenn er getadelt oder ihm gar Strafe angedroht wird, wenn er also psychischen Schmerz erleidet. In der Erziehung werden diese psychischen Schmerzerzeuger nicht nur von fast allen Eltern, sondern auch von Schulen und dem Erziehungswesen angewandt, um dem Kind Folgsamkeit, Gefügigkeit, Ordnung und Disziplin beizubringen. Natürlich ist das Kind — wie jedermann — bestrebt, sowohl körperlichen als auch seelischen Schmerz zu vermeiden. Je stärker von den Erziehern der seelische Schmerz als Erziehungsmittel angewandt wird, umso mehr wird für das Kind jene Schranke sichtbar, bei deren Überschreitung psychischer Schmerz droht. In dieser Situation bleiben dem Kind nur zwei Auswege: Entweder es lernt, die Angst in seiner Seele zu verarbeiten — das heißt nichts anderes, als sie zu unterdrücken —, um dann vielleicht doch das Verbot zu brechen; oder aber das Verbot wird eingehalten und damit die Forderung des Erziehers erfüllt. Eine Art der Anpassung hat also stattgefunden. Es liegt auf der Hand, daß die Entwicklung der Persönlichkeit und jene der seelischen Konstitution durch den beschriebenen Prozeß der Angstverarbeitung bzw. Anpassung geprägt wird. Die von Sigmund FREUD erstmals beschriebenen Instanzen Es, Ich und Über-Ich entwickeln sich damit in charakteristischer Weise, wobei das Über-Ich mit seinen verinnerlichten Normen stark wird und das Ich und Es zügelt, beherrscht und unterdrückt. Das Über-Ich wächst zur steuernden und angsterweckenden Instanz in der Persönlichkeitsstruktur heran. Es übernimmt die Rolle der Erziehungsperson beim Heranwachsenden und erwachsenen Menschen mehr und mehr, so daß der Betroffene selbst will, was er früher sollte und damals nur tat, um psychischen Schmerz und Angst zu vermeiden. Es bilden sich nach und nach die verschiedensten psychischen Abwehrmechanismen heraus, die dem Über-Ich helfen, die Angst vor dem psychischen Schmerz zu vermeiden. Im Detail handelt es sich bei diesen Abwehrmechanismen um Verdrängung, Identifizierung, Projektion, Symptombildung, Verschiebung, Sublimierung, Reaktionsbildung, Vermeidung, Rationalisierung, Betäubung, Abschirmung, Ohnmachtserklärung, Rollenspiel und Gefühlspanzerung.

Diese Mechanismen werden von jedem quasi normal erzogenen Menschen in unserer modernen Gesellschaft unbewußt angewendet und zeigen sich beim einzelnen in individueller Ausprägung. Nicht selten kommt es vor, daß bei ein und derselben Person alle vierzehn Abwehrmechanismen in Funktion treten, wobei aber einige häufig und andere wieder seltener im Menschen entstehen. Diese vierzehn Abwehrmechanismen sind aber nicht als einzelne, abgegrenzte Mechanismen zu verstehen; vielmehr existieren gleitende Übergänge und Verknüpfungen. Durch den Einsatz eines Abwehrmechanismus soll das psychische Gleichgewicht hergestellt und die Angst vermieden werden. Der Vorteil dieses Verhaltens liegt somit auf der Hand. Die Nachteile bestehen jedoch einerseits in Scheinlösungen, in einer Übertünchung des Problems, in Lügen und psychischen Störungen, die von Neurosen bis hin zur Psychose reichen können. Andererseits werden diese negativen Seiten der Abwehrmechanismen von den meisten Menschen sogar gerne in Kauf genommen, um nur ja die Angst abzuwehren und nicht mit ihr konfrontiert zu werden. Die Angst aber kommt unvermeidlich zum Vorschein, wenn ein Abwehrmechanismus abgebaut wird.

So ist zum Beispiel die *Identifizierung* des eigenen Ich mit Autoritäten wie Eltern, Lehrern, Vorgesetzten im Beruf etc. für den einzelnen nur sehr schwer zu vermeiden, da die Folge sonst unweigerlich Protest und Widerstand gegen unterdrückende Normen wäre. Diese (in der Kindheit entstandene) Angst wurzelt sehr tief in der Psyche und würde ein

Aufbrechen des Über-Ich verlangen. Die Angst in der eigenen Persönlichkeitsstruktur kann entschärft werden, wenn eine Entrümpelung der Über-Ich-Inhalte erfolgt.

Ein weiterer nur schwer aufzugebender Abwehrmechanismus ist die *Verdrängung* von unbequemen Erlebnissen und Erkenntnissen. Die Verdrängung ist der wohl für jedermann geläufigste Abwehrmechanismus. Wer sich vornimmt, nicht mehr zu verdrängen, erlebt zum Beispiel eine Kränkung besonders bewußt und schmerzlich. Er muß die Angst, die durch die Kränkung entsteht, aushalten, was ihm nur gelingt, wenn er die Kränkung gedanklich oder in einem Gespräch verarbeitet.

Die *Symptombildung* ist ein Abwehrmechanismus, der dem Willen zunächst nicht zugänglich ist, zumal die entstehenden Symptome nicht in direktem Zusammenhang mit einer psychischen Belastung zu stehen scheinen. Durch eine körperliche Erkrankung (Magengeschwüre, Herzschmerzen, Kopfschmerzen, Muskelverkrampfungen, Schlafstörungen, Sexualprobleme usw.) wird ein Alarmsignal gesetzt, das anzeigen soll, daß der Mensch überfordert ist. Er möchte einer Konfliktsituation entfliehen, kann es aber nicht und sucht daher in der organischen Krankheit Ruhe, Entlastung und vor allen Dingen Seelenfrieden. Viele Ärzte sind der Ansicht, daß ein sehr hoher Prozentsatz ihrer Patienten, die unter organischen Beschwerden leiden, eigentlich psychogen krank sind und deshalb vor allem einer psychologischen Beratung (nebst der notwendigen medizinischen Versorgung) oder psychotherapeutischen Betreuung zugeführt werden sollten.

Die *Rationalisierung* wird von jedem Menschen fast täglich angewandt, um sich selbst zu schützen, zu beruhigen, um die schmerzliche Wahrheit zu verschleiern. Das Eingeständnis seiner wahren Wünsche und Gefühle aber verlangt vom Menschen Offenheit gegenüber sich selbst und vor allem die Bereitschaft, sich seinen Ängsten zu stellen, sie zu durchleben, auszuhalten und nach neuen Wegen der Lösung zu suchen. Den Zustand psychischer Ausgeglichenheit und inneren Gleichgewichts erreicht man erst dann, wenn man gelernt hat, Probleme ohne *Rationalisierung* zu lösen. Interessant ist, daß die *Rationalisierung* in der Hypnose eine sehr große Rolle spielt. Posthypnotische Befehle (hypnotische Befehle also, die zeitversetzt, oft Tage nach der Hypnose vom Hypnotisierten gewissermaßen zwanghaft durchgeführt werden) werden fast immer rationalisiert, wenn man dem Hypnotisierten vorher suggeriert hat, den Befehl zu vergessen.

Bei der *Projektion* werden Eigenschaften und Verhaltensweisen, die man an sich selbst verurteilt, in andere hineinprojiziert und dort kritisiert bzw. heftig bekämpft. Die *Projektion* schafft zwar kein Leiden oder Krankheitsbild, doch ist sie tiefenpsychologisch gesehen eine seelische Deformation, die den Blick auf die vorurteilslose Wahrnehmung der Wirklichkeit trübt. Die *Projektion* ist einer der wesentlichsten Abwehrmechanismen und wird vom Menschen nahezu stetig und fast immer unbewußt auf den Nächsten angewandt.

Die *Verschiebung* stellt zunächst eine Entlastung dar, weil aus Angst das Ausleben von Triebimpulsen auf Ersatzobjekte verschoben wird und dort zur Abreaktion gelangt. Aggressive Impulse werden an Ersatzobjekten (Untergebenen, Kindern usw.) abreagiert, die eine Art Sündenbockfunktion einnehmen. Demjenigen, der sich abreagiert, mag sein Handeln befriedigend erscheinen, und er fühlt sich zunächst von aggressivem Druck entlastet, aber die sozial schädliche Verhaltensweise wirkt in neurotisierender Weise wiederum zurück, wenn das Ersatzobjekt (der sogenannte Sündenbock) neurotische Reaktionen zeigt.

Die *Reaktionsbildung* ist ein Abwehrmechanismus, der die klare Wahrnehmungsfähigkeit trübt, indem er eine Empfindung ins Gegenteil verkehrt. Aus Angst vor der Antipathie gegenüber einer Autoritätsperson wird zum Beispiel anderen und auch sich selbst gegenüber eine vorgetäuschte Sympathie gezeigt. Aus Angst, sich zu verlieben, sich selbst eine Zuneigung einzugestehen, wird vielfach Antipathie oder sogar Haß in emotional heftiger Weise zum Ausdruck gebracht.

Ein häufig auftretender und einfach zu verstehender Abwehrmechanismus ist die *Vermeidung:* Alles, was Angst einflößt, ein Unwohlsein weckt, was also als negativ empfunden wird, birgt die Gefahr einer Frustration in sich und wird vermieden, um einerseits der drohenden unangenehmen Situation zu entgehen und um andererseits in der Psyche eine scheinbare Harmonie zu erzeugen. Diese jedoch geht auf Kosten der Spontaneität, denn die eigenen Entfaltungsmöglichkeiten werden mehr und mehr eingeschränkt. Im schlimmsten Fall kann das zu einer extremen Isolation des Betroffenen führen, der sich absolut nicht mehr mit der vermeintlich feindlichen Realität auseinandersetzen will.

Charakteristisch für alle genannten Abwehrmechanismen, aber auch für jene, auf deren ausführliche Erklärung ich hier verzichtet habe, ist, daß sie eine Methode der Angstbewältigung darstellen, die zu einer Abwehrpanzerung führt, zu einem Befinden, das populär als »dickes Fell« bezeichnet wird. Hier ein Extrembeispiel:

Jemand, der sich ein solches dickes Fell hat wachsen lassen, identifiziert sich mit den Normen der Autorität, verdrängt Bedürfnisse, verschiebt die Befriedigung auf Ersatzobjekte, ist freundlich statt aggressiv, vermeidet die Herausforderung, rationalisiert Erlebnisse, die ihn eigentlich kränken sollten, projiziert seine negativen Gefühle in andere, bildet psychosomatische Symptome aus, sublimiert sexuelle und aggressive Spannung durch Arbeitswut im Beruf und in der Freizeit. Er betäubt sich mit Alkohol, schirmt sich durch Psychopharmaka ab, erklärt sich für ohnmächtig, spielt das Rollenspiel mit, verhält sich rational, ohne Gefühle zu zeigen. Die Schutzpanzerung scheint perfekt. Das Absurde in unserer heutigen Welt ist dabei, daß ein solcher Mensch als Erfolgsmensch gilt — als einer, der unbeirrbar seinen Weg geht, der keine Angst kennt, der weder Traurigkeit noch impulsive Fröhlichkeit verspürt, der in seiner Tätigkeit absolut funktionstüchtig und somit als leitender Angestellter oder Manager durchaus brauchbar erscheint. Es gibt sie, diese Menschen, und sie sehen auch nicht so recht ein, warum sie ihre doch so perfekt funktionierenden Abwehrmechanismen abbauen sollten. Ist nämlich das gesamte Abwehrrepertoire zu einem lückenlos geschlossenen System zusammengefügt, so ist damit eine Art wehrhafter Persönlichkeit erreicht, die scheinbar ohne psychischen Druck auskommt und im Beruf meist auch noch sehr erfolgreich ist. Doch — wie gesagt — der Schein trügt.

Schon in der Kindheit bilden sich normalerweise folgende Basismechanismen heraus: Identifizierung, Verdrängung, Verschiebung, Reaktionsbildung, Vermeidung, Rationalisierung. Die Folge dieser Mechanismen sind: Projektion, Symptombildung, Sublimierung, woraus wiederum Betäubung, Abschirmung, Ohnmachtserklärung, Rollenspiel, Gefühlspanzerung resultieren. An dieser Aufzählung können Sie erkennen, daß sich die Abwehrmechanismen nach und nach bilden und aufeinander aufbauen. Der vorhin beschriebene »gut funktionierende« Mensch mit einem scheinbar lückenlosen Abwehrsystem und einem scheinbar unverwundbaren Seelenpanzer zum Selbstschutz ist sicher ein Extremfall. Denn die meisten Menschen, die sich in eine derartige Richtung entwickeln, behalten glücklicherweise »ungepanzerte« Stellen, die ihr psychisches Leiden sichtbar machen können und andererseits die Möglichkeit offenhalten, das Leben voll zur Entfaltung zu bringen.

Betrachten wir vielleicht nochmals den vorhin besprochenen Anpassungsprozeß beim Kind: Zuerst werden an das Kind Forderungen, Nor-

men, Erziehungsziele herangetragen. In der ersten Phase entwickelt das Kind Angst vor psychischen Schmerzen, Angst, ausgeschlossen zu werden. In der zweiten Phase entstehen dann sogenannte Angst-Abwehrmechanismen und in der dritten Phase die Über-Ich-Bildung, also die Anpassung. Wenn man bedenkt, daß beinahe jedes Kind diesen dreistufigen Anpassungsprozeß durchmacht, kommt man unweigerlich zu dem Schluß, daß fast alle Menschen eine ähnliche Psyche haben. Persönlichkeitsstörungen gelten dabei als Ausdruck einer noch nicht vollständig gelungenen Anpassung, sie zeigen aber im Prinzip nichts anderes als das Aufbäumen der Individualität gegen die Fremdbestimmung. In unserer heutigen Gesellschaft wird dieses Aufbäumen von Autoritäten jeglicher Art als Makel empfunden, der unbedingt medizinisch oder psychologisch behandelt werden muß. Konsultieren Eltern wegen der Anpassungsschwierigkeiten ihres Kindes einen Psychologen, so stehen diesem — sofern er ein guter Psychologe ist — zwei Möglichkeiten zur Wahl: Einerseits kann er dem Kind zur Selbstentfaltung — und damit zum Nicht-Anpassen — raten, womit er auf das Unverständnis der erziehenden Person stößt. Andererseits kann er aber den Erwartungen der Erzieher entsprechen, indem er dem Kind zur Unterdrückung rät. Natürlich drängt sich hier die Frage auf, ob man Kinder dazu erziehen soll, die Angst auszuhalten. Wird ein unangepaßter Mensch, einer, der ohne unsere Normen erzogen worden ist, kriminell? Kann ein solcher Mensch in unserer Gesellschaft überhaupt erfolgreich und glücklich werden?
Jedes Kind kann so erzogen werden, daß es keine Angst zu haben braucht, ausgestoßen zu werden. Gerät es jedoch trotzdem in eine Situation, in der diese Angst geweckt werden könnte, so sollte diese Angst ohne Flucht in die Anpassung ausgeschaltet werden können. Ein Mensch, der — wenngleich unangepaßt — sich frei verwirklicht, wird nicht kriminell, da er nicht destruktiv oder antisozial eingestellt ist. Ein unangepaßter Mensch kann in unserer Gesellschaft sehr wohl erfolgreich und glücklich sein.

Tatsache ist aber, daß die meisten Menschen in dieser Hinsicht nur in Extremen denken: Entweder die Anpassung erfolgt und man füllt damit seinen Platz in der Gesellschaft gut funktionierend aus, oder man ist psychisch frei — und lebt in einem sich selbst und seine Umwelt zerstörenden Chaos. Leider ist es eine weitverbreitete Meinung, daß Freiheit in Anarchie mündet.

Ich kann Ihnen aber versichern, daß es zu dieser Anarchie niemals kommen wird, da sich eine Gesellschaft immer nur sehr langsam weg von der Anpassung in Richtung Freiheit entwickelt. Die Angst vor der psychischen Freiheit ist somit nichts anderes als der Ausdruck eines falschen Menschenbildes, das in den meisten Köpfen herumspukt. Sie ist die innerliche Reaktion und die ganz persönliche Erklärung darauf, warum Anpassung überhaupt notwendig ist.
Die Folgen der Angst sind psychische Erkrankungen. Wann spricht man überhaupt von einem psychisch gesunden Menschen, wann ist er krank? Im medizinisch-somatischen Bereich ist diese Frage etwas einfacher zu beantworten, weil psychische Symptome weniger leicht erkennbar und nachzuweisen sind. Ein Geschwür auf der Haut beispielsweise ist für jeden sichtbar — verdrängte Ängste nicht. Im allgemeinen könnte man dann von Krankheit sprechen, wenn sich nicht mehr zu übersehende Symptome (vor allem psychosomatischer Art) manifestieren wie Kopfschmerzen, Magengeschwüre, Schlaflosigkeit, Kreislaufstörungen, Magenübersäuerung, Sexualstörungen und ähnliches. Solche Symptome sind zwar psychogener Natur, werden aber zumeist behandelt, als wären sie somatogen. Nicht die Ursache, die im psychischen Bereich liegt, wird erkannt, sondern die diagnostizierbaren Symptome werden mit Medikamenten bekämpft. Kaum ein Mediziner erkundigt sich nach Ängsten. So ist auch nach einer Behandlung nicht nur die Ursache, sondern auch das Problem an sich nach wie vor existent. Zudem kann die Verabreichung von Psychopharmaka bei psychisch labilen Personen mitunter zur medikamentösen Abhängigkeit (bis hin zur Sucht) führen. Angst tritt selten allein auf, sondern ist meist mit psychosomatischen Symptomen und oft mit Stimmungslagen wie Trauer, Melancholie, Depression etc. verbunden. Die Stimmungsschwankungen (von fröhlich bis depressiv) stehen in häufigem und raschem Wechsel mit Schuldgefühlen, Zwangsvorstellungen, Verfolgungs- oder Größenwahn.
Der Anfang der meisten seelischen Störungen liegt zumeist in der Kindheit — der Zeit des Einübens von Abwehrmechanismen. In der Pubertät durchlaufen die meisten Menschen eine Phase der erhöhten Sensibilität, die mit (mitunter heftigen) Protesten einhergeht. In dieser Phase werden schöpferische Kräfte wach, die die Fremdbestimmung abschütteln und das Bedürfnis erwecken wollen, sich selbst zu finden. Die Pubertät birgt somit einerseits die Möglichkeit der erhöhten Angstanfälligkeit in sich, andererseits aber auch die Chance, sich zu befreien,

sich zu heilen von den psychischen Schäden der Kindheit. Doch bei den meisten Menschen setzt sich schließlich der sogenannte Ernst des Lebens durch. In der Regel gewinnen dann Lebenslügen wie »Sicherheit geht vor«, »Jeder ist sich selbst der Nächste« die Oberhand, die den Druck im Berufs- und Familienleben kompensieren helfen und so wiederum zu verstärkten Selbstmanipulationen und zur weiteren Selbstentfremdung führen.

Zu all diesen Entwicklungen des Über-Ich gesellt sich dann auch das Selbstbild des Menschen — die Meinung von der eigenen Person, mit ihren Fähigkeiten und Eigenschaften, welche positiv oder negativ geprägt sein kann, sich also entweder in Selbstachtung oder in Geringschätzung manifestiert. Das gesamte Selbstbild wächst mit dem Aufbau der eigenen Einstellung mit. In diesem wird die Meinung anderer über den Selbstwert gespeichert und zu einem eigenständigen subjektiven Selbstbild verarbeitet, welches großen Einfluß auf das persönliche Verhalten ausübt. Spätestens hier sind die Weichen gestellt für eine charismatische Persönlichkeit oder für einen unscheinbaren Versager. Die meisten Menschen haben ein negatives Selbstbild, da sie im Laufe ihrer persönlichen Lebensgeschichte vorwiegend mit Tadel, Strafe bzw. negativer Bewertung ihrer Fähigkeiten und Eigenschaften konfrontiert wurden bzw. noch immer werden. Ihre Erziehung geht zumeist davon aus, daß Tadel oder Kritik zu besseren Leistungen animieren und persönliche Unarten verändern sollen. Im besten Fall wird jedoch dadurch freudlose Anpassung erreicht, die Minderwertigkeitsgefühle nach sich zieht. Es entsteht eine Diskrepanz zwischen dem realen Selbst und dem idealen Selbstbild, das angestrebt werden soll, aber nicht erreicht werden kann, weil die Forderungen in der Annahme, den Drang zur Leistung bzw. zur Verhaltensänderung zu steigern, zumeist zu hoch geschraubt werden. Nicht zu vergessen ist, daß das negative Selbstbild äußerst starke Auswirkungen auf zwischenmenschliche Beziehungen, also auf die Kommunikationsfähigkeit des einzelnen hat. Ein Mensch mit wenig Selbstachtung ist vermehrt mißtrauisch, er fühlt sich immer angegriffen, hört durch seine übersteigerte Sensibilität nahezu aus jedem Gespräch Kritik an seiner Person heraus. Eine solche übersteigerte Empfindsamkeit äußert sich bei der linkshirnigen, sympathikotonischen Persönlichkeit zumeist durch leichte Reizbarkeit und Aggressivität. Der rechtshirnige, vagotonische Typ reagiert oft mit Passivität, zieht sich zurück und ist dann unterwürfig, demütig. Eine unsichere Person nimmt die Menschen um sich herum nur sehr subjektiv und mit

Vorurteilen behaftet wahr; deshalb fällt es ihr schwer, einen lockeren und unkomplizierten Kontakt zu pflegen.
Ein Mensch mit ausgeprägter Selbstachtung hingegen fühlt den Wert seiner Person von innen heraus. Er gibt sich also nicht nur dem fassadenhaften Anschein der Selbstachtung hin, wie das Personen mit Minderwertigkeitskomplexen häufig zu tun pflegen, sondern er fühlt sich wohl in seiner Haut, mag sich selbst und andere. Für Kritik ist er offen, er verdrängt sie nicht oder reagiert gar mit übertriebener Heftigkeit darauf — im Gegenteil, im Arbeitsprozeß fordert er sogar Kritik, um mögliche Fehlerquellen auszuschließen. Seine Argumentation ist von gelassener Sachlichkeit. Allerdings ist auch ein solcher Mensch aus seiner bewundernswerten Ruhe zu bringen, wenn er bewußt verletzt oder gedemütigt wird und destruktiver Kritik ausgesetzt wird. Er kann dann durchaus mit gebotener Heftigkeit und Aggression reagieren. Ein Mensch mit ausgeprägter Selbstachtung ist also — und das ist besonders hervorzuheben — durchaus verletzbar, wenn ihm unsachliche Kritik, Feindseligkeit und Geringschätzung widerfährt. Neurosen seiner Mitmenschen haben durchaus Wirkung auf seine Verfassung, sofern er nicht imstande ist, sich aus dieser Umgebung zu lösen. Hat ein solcher Mensch in seinen Mitmenschen das Neurotische, Destruktive erkannt, und ist in ihm auch die Erkenntnis dazu gereift, so besitzt dieser Mensch mit seinem ausgeprägt positiven Selbstbild den Mut, sein eigenes Leben zu leben und sich von seinen Mitmenschen abzuwenden — selbst wenn ihm dadurch Nachteile entstehen sollten. Ein positives Lebensbild befähigt ihn, einen individuellen Weg zu gehen — seinen Weg. Er ist dabei nicht ständig auf die Anerkennung seiner Mitmenschen angewiesen und er ist auch nicht darauf bedacht, sich immer und überall anzupassen, da er sich so akzeptiert wie er ist.
Selbstachtung ist überaus wichtig für die Entfaltung der Persönlichkeit, für die Selbstverwirklichung und die psychische Gesundheit. Nur wer sich selber schätzt, wird von anderen geschätzt. Nur mit einem positiven Selbstbild ist es dem Menschen möglich, einen eigenen, ihm gemäßen Lebensweg zu gehen, denn jeder hat das Recht auf seinen eigenen Weg und die Bewahrung seiner Selbstachtung. Zur Ausbildung einer charismatischen, erfolgreichen Persönlichkeit ist Selbstachtung unbedingt nötig, sie ist gewissermaßen einer jener Grundsteine, auf der sich diese Persönlichkeit aufbaut.

Wie viele Ängste plagen Sie?

Dieser Test soll Ihnen helfen, selbst einzuschätzen, wie sehr Sie von Ängsten geplagt sind. Im nachfolgenden Test finden Sie 57 Fragenpaare. Von jedem dieser Fragenpaare wählen Sie die Antwort, die für Sie am ehesten zutrifft, möglichst spontan und ohne lange nachzudenken. Es ist natürlich möglich, daß Ihnen die Entscheidung bei einigen Fragen schwerfällt. Dann sollten Sie trotzdem eine Antwort auswählen, am besten die für Sie angenehmere. Schreiben Sie, je nach Antwort, ein A oder B in das neben der Frage stehende Kästchen.

1. Ich möchte lieber
A: einen Kriegsfilm sehen
B: eine Komödie sehen ☐

2. Ich möchte lieber
A: bei anstrengenden, sportlichen Spielen mitmachen
B: Spiele spielen, bei denen ich mich öfter ausruhen kann ☐

3. Ich höre lieber
A: Blues
B: ernste Balladen ☐

4. Ich höre lieber
A: Jazz-Combo
B: »1000« Geigen ☐

5. Ich liebe es, wenn
A: meine Stereoanlage laut gestellt ist
B: sie eher leise gestellt ist ☐

6. Ich hätte lieber
A: einen Goldfisch
B: eine Schildkröte ☐

7. Ich neige eher
A: zu Konservatismus
B: Militarismus ☐

8. Ich brauche eher
A: viel Schlaf
B: wenig Schlaf ☐

9. Ich liebe
A: die Gefahr
B: die Häuslichkeit ☐

10. Ich fahre lieber
A: einen Personenkraftwagen (Limousine)
B: einen Sportwagen ☐

11. Ich möchte eher
A: mehrere Haustiere
B: nur ein Haustier

12. Ich wäre lieber
A: ein Schäfer
B: ein Cowboy

13. Ich hätte lieber
A: ein Mofa
B: ein Motorrad

14. Lieber
A: sehe ich einen Film
B: lese ich ein Buch

15. Mir gefällt
A: Barmusik
B: Discomusik

16. Ich würde lieber
A: in einer Bibliothek arbeiten
B: eine Vorlesung anhören

17. Ich liebe
A: warme Getränke
B: kalte Getränke

18. Ich fürchte mich
A: nicht vor Krankheiten
B: vor ansteckenden Krankheiten

19. Ich mache eher
A: viel körperliche Bewegung
B: wenig körperliche Bewegung

20. Wenn ich in der Nacht allein bin,
A: lasse ich alle Lichter brennen
B: kann die Wohnung dunkel sein

21. Ich würde lieber
A: Medikamente herstellen
B: Wunden verbinden

22. Wenn ich ein Lokal betrete
A: bin ich locker
B: bin ich gehemmt

23. Ich gehe
A: allein in ein Lokal
B: nie allein in ein Lokal

24. Ich mag Leichtathletik
A: ja
B: nein

25. Ich kleide mich eher
A: konservativ, der Norm entsprechend
B: extravagant

26. Ich bevorzuge
A: weiche Backwaren
B: knuspriges Brot oder Gebäck

27. Mich interessieren eher
A: bewußtseinserweiternde Drogen
B: Alkohol

28. A: Ich liebe Risiko
B: Ich brauche Sicherheit

29. Ich bevorzuge eher
A: Prince
B: Tom Jones

30. Mir gefällt
A: Eishockey
B: Golf

31. Ich kann bei Diskussionen meine Meinung vertreten
A: ohne Probleme
B: nur mit Überwindung

32. Ich hätte lieber
A: eine sechsköpfige Familie
B: eine dreiköpfige Familie

33. Ich reagiere auf Streß eher
A: erregt
B: gelassen

34. Als Sportart bevorzuge ich
A: Squash
B: Tennis

35. A: Ich bearbeite meine Probleme
B: Ich versuche, sie zu verdrängen

36. A: Mir fällt es leicht, meinem Partner meine sexuellen Wünsche mitzuteilen
B: Ich habe sexuelle Hemmungen

37. Jemanden neu kennenzulernen
A: fällt mir leicht
B: fällt mir ziemlich schwer

38. In einem Geschäft oder Restaurant
A: fällt es mir leicht, meine Wünsche zu äußern und darauf zu bestehen
B: fällt es mir schwer, mich durchzusetzen

39. Als Kind habe ich lieber
A: mit vielen anderen Kindern gespielt
B: allein gespielt

40. Ich habe meinen Beruf nach folgenden Kriterien ausgewählt:
A: Sicherheit
B: freie Zeitgestaltung

41. Ich möchte eher Krankenschwester/Pfleger
A: auf einer Intensivstation sein
B: in einem Altenheim sein

42. Meine Erziehung war eher
A: streng
B: locker

43. Meine Eltern haben mich als Kind
A: ernst genommen
B: unterdrückt

44. Ich bevorzuge einen Beruf,
A: bei dem ich viel reisen kann
B: den ich an meinem Heimatort ausüben kann

45. Meinen Urlaub plane ich
A: meist spontan, allein und ohne viele Vorbereitungen
B: nur über ein Reisebüro oder gemeinsam mit Freunden

46. Wenn ich mit jemandem konkurrieren muß,
A: fürchte ich mich davor
B: stelle ich mich der Herausforderung

47. Eine fremde Stadt
A: entdecke ich am liebsten allein
B: besichtige ich nur mit einer Reisegruppe

48. Wenn ich einen Fehler gemacht habe,
A: stehe ich dazu
B: versuche ich, diesen so gut wie möglich zu verbergen

49. Wenn ich mich über etwas ärgere,
A: behalte ich das eher für mich
B: spreche ich offen darüber

50. Wenn mich jemand um einen Gefallen bittet, der mir unangenehm ist,
A: helfe ich trotzdem unter allen Umständen
B: kann ich auch einmal nein sagen

51. Wenn ich vor einer persönlichen Entscheidung stehe,
A: bespreche ich das auf jeden Fall zuerst mit meinen Eltern/meinem Partner
B: treffe ich diese eher allein und teile dann das Ergebnis den anderen mit

52. In meiner Freizeitgestaltung unternehme ich
A: meist spontan etwas, egal ob allein oder mit Freunden/Familie
B: kaum etwas allein, meist gemeinsam mit Freunden/Familie

53. In einer für mich ungewöhnlichen Situation
A: bleibe ich gelassen und lasse die Dinge auf mich zukommen
B: neige ich zu Kopflosigkeit und Hysterie

54. Wenn ich an die Zukunft denke, habe ich
A: einige Bedenken
B: eine Vorfreude auf das, was da noch kommen mag

55. Wenn mich jemand offensichtlich eine Zeitlang beobachtet,
A: werde ich nervös
B: genieße ich die Situation oder spreche diese Person an

56. Wenn ich in der Nacht einen Weg gehen muß,
A: nehme ich den kürzesten, auch wenn er durch dunkle Seitengassen oder einen Park führt
B: gehe ich nur auf gut ausgeleuchteten Straßen

57. Wenn ich Zeuge eines Überfalles/Gewaltaktes werde,
A: versuche ich, so gut wie möglich zu helfen
B: hoffe ich, daß ich so schnell wie möglich wegkomme

Vergleichen Sie nun Ihre Antworten mit der nachfolgenden Tabelle. Für jede Übereinstimmung geben Sie sich einen Punkt. Dann addieren Sie Ihre Punkteanzahl.

Auswertungstabelle

1. A	12. B	23. A	34. A	45. A
2. A	13. B	24. A	35. A	46. B
3. A	14. A	25. B	36. A	47. A
4. A	15. B	26. B	37. A	48. A
5. A	16. B	27. A	38. A	49. B
6. A	17. B	28. A	39. A	50. B
7. B	18. A	29. A	40. B	51. B
8. B	19. A	30. A	41. A	52. A
9. A	20. B	31. A	42. B	53. A
10. B	21. B	32. A	43. A	54. B
11. A	22. A	33. B	44. A	55. B
				56. A
				57. A

57 bis 40 Punkte: Sie haben nur selten Ängste. Sie brauchen viel Aufregung, Spannung und Stimulation in Ihrem Leben. Sie sind ein eher extrovertierter Mensch, was eine wichtige Komponente in der Entfaltung der charismatischen Persönlichkeit ist.

39 bis 16 Punkte: Sie werden manchmal von Ihren Ängsten eingeholt. Der Wunsch nach einem ruhigen Leben und etwas Aufregung hält sich ziemlich die Waage. Wenn Sie sich Ihre Antworten noch einmal durchsehen, werden Sie erkennen, wobei Sie Ruhe oder Aufregung schätzen.

15 bis 0 Punkte: Sie sorgen sich stark um Ihre Gesundheit, Ihre Zukunft, wie Sie auf andere wirken. Ihre Ängste sind spürbar für andere und auch mittels Biofeedbackgeräten meßbar. Sie gehen Aufregungen und Problemen, wenn möglich, aus dem Weg. Beim Lesen des vorherigen Kapitels sollten Sie über die Mechanismen, die diese Ängste verursachen, nachdenken. Wenn Sie einige davon an sich selbst bemerken, beginnen Sie, sich über Ihre Ängste und Empfindungen klar zu werden.

Das Lern- und Konditionierungsmodell

Um die komplexen Abläufe in unserem Unterbewußtsein verständlicher zu machen, möchte ich hier ein Anschauungsmodell erläutern, das für viele zwar neu, aber verständlicher sein wird als bisherige Theorien. Dr. John CAPPAS hat ein Modell des Lernens und der Vernunft erstellt, in dem er postuliert, daß jeder Mensch entweder durch direkte Erfahrung oder durch Schlußfolgerung lernt. Meist prägt die primäre Bezugsperson (die Mutter) unsere Beeinflußbarkeit und unsere Art zu lernen, die sekundäre Bezugsperson (der Vater) ist verantwortlich für die Art, wie wir das Gelernte anwenden. In der Tat liegt hier die Basis für Akzeptanz, Ablehnung oder Interpretation der verschiedensten Arten von Information, die wir im Laufe des Lebens empfangen.
Ich selbst gehe nach reiflicher Überlegung und zahlreichen Untersuchungen vom folgenden Lern- und Konditionierungsmodell aus: Bei einem so natürlichen Lernprozeß wie zum Beispiel dem Gehenlernen werden durch den Schmerz beim Hinfallen, durch die innere Enttäuschung, aber auch durch die ständige emotionale Unterstützung der Erwachsenen und ihre Vorbildrolle — alle gehen, warum nicht ich? — bestimmte neue Verhaltensmuster geprägt. Beim Erlernen von neuen Texten (auswendig lernen) ist die Reizintensität während des Lernvorganges direkt proportional zum späteren Erinnern: Je stärker der Reiz, desto vorteilhafter für den Lernerfolg. Dieser Leitsatz gilt bis zum Punkt der Überreizung, der die Lernfähigkeit dann wieder drastisch reduziert. Um den Inhalt einer Information dauerhaft speichern zu können, muß sich der Lernende zuerst in einen lernbereiten Zustand versetzen. Das Eintreten in diesen Zustand wird auch in einem hirnelektrischen Kennwert, nämlich in einer Verschiebung des kortikalen Gleichspannungspotentials in Richtung Negativität, also durch verstärkte Durchblutung bestimmter Gehirnareale, sichtbar. Jede Informationseinheit, jeder Eindruck, den wir erhalten, prägt unser Denken. Dieser Prozeß findet anfangs größtenteils ohne Wertung statt. Sämtliche Informationen werden durch unbewußte Interpretation gefiltert und anderen zugeordnet, wobei die Grundlage für diese Interpretation unsere erste und zweite Bezugsperson und unser soziales Umfeld liefern. Zu-

sammen mit unseren angeborenen und erlernten Begabungen stellt dieser Prozeß die Basis für unsere Werturteile und auch für das Bild dar, das wir uns von der Realität machen, das heißt, spätestens hier wird die Dominanz einer der beiden Hirnhälften für lange Zeit festgelegt.
Nun müssen wir aber alle im Laufe unseres Lebens mehr negative als positive Einflüsse verarbeiten. Diese Eindrücke — »Das darfst du nicht«, »Tu das nicht« — verstärken sich zu Blockaden, die als selbst auferlegte Einschränkungen akzeptiert werden und solcherart viele neue Erfahrungen und Wandlungsprozesse verhindern. Wir erwarten nicht Reichtum, Erfolg, Gesundheit, Siege und Wohlbefinden, es sei denn, wir wurden in eine reiche, an Siege gewohnte und gesunde Umgebung hineingeboren. Und selbst dann hindern uns vielleicht immer noch eine zu strenge Erziehung und negative Suggestionen, nicht zu vergessen der auf uns einwirkende Streß. Doch warum wirken die selbst auferlegten Einschränkungen so stark? Die Grundlage dazu ist eine tiefsitzende, in jedem Menschen vorherrschende Angst vor Isolation, vor Ablehnung; eine Angst, die nachhaltig prägt. Alle unsere Reaktionen basieren auf dem Bild, das wir uns von den anderen machen, und auf dem tiefen Bedürfnis nach Anerkennung und Verständnis, ohne das unser Leben sicher weniger sinnvoll wäre. Unser Verhalten ist also nichts anderes als Konditionierung. Das psychogene Feld, die Bewußtseinsschablone, wird aufgebaut und verfestigt, es kommt zu einem vermehrten Einsatz bestimmter Hirnregionen und dadurch zur Ausprägung des Bewußtseinszustandes. In den meisten Fällen ist somit die Handlungsfreiheit nur eine Illusion, da unser Konditionierungsprozeß eine solche Freiheit in großem Umfang meist nicht zuläßt. Ein Individualist, ein Genie, ein Sieger, eine charismatische Persönlichkeit ist jemand, der dieselben Dinge sieht, die andere auch sehen — aber er sieht sie anders. Er ist jemand, der sich über seine Ängste, über seine Konditionierung erhebt. Das aber setzt eine Flexibilität des Hirnfeldes voraus.
Um eine entspannte, sich selbst verwirklichende Persönlichkeit zu werden, müssen wir das aufgeben, was zu sein wir anderen und uns vorspielen. Wenn wir siegen wollen, müssen wir unser Verhalten danach ausrichten. Unser Verhalten ist nur der Ausdruck unserer unbewußten inneren Vorstellung, die in direktem Zusammenhang mit unseren Erfahrungen steht; unsere Erfahrung ist eingeengt durch unser Bedürfnis nach Anerkennung. Und Anerkennung heißt meistens, sich den Wünschen und Vorstellungen anderer anzupassen. Das ist ein scheinbar geschlossener Kreis, den es mit Maß und Gefühl zu durchbrechen gilt.

Mit Kopftraining zum Charisma

Die Stärkung der Persönlichkeit

Wer ist ein Sieger, wer ein Verlierer?
Wer bleibt oder wird gesund?
Wer wird krank?
Wer ist charismatisch?

Unsere neuesten Erkenntnisse geben darauf eine klare Antwort: Es kommt nicht auf die Lebensumstände an, sondern darauf, wie wir auf sie reagieren. Entscheidend sind nicht die Fakten und Daten aus unserem Leben, weder Beruf, Einkommen, Arbeitszeit, noch Ehe, Partner, Lebensalter, Freunde und Urlaubstage — entscheidend ist, wie wir unser Leben sehen, wie wir fühlen, denken und handeln. Unsere eigenen Gedanken und Gefühle sind auch biochemische Auslöser, die unser inneres Heilungssystem täglich aktivieren oder blockieren. Das psychogene Hirnfeld bedingt unsere Sichtweise von unserer Welt, und das seit frühester Kindheit. Dieses Feld so zu formen, daß es uns gutgeht, ist ein Ausweg aus so mancher Sackgasse.

Die Stärkung der Persönlichkeit kann nur durch eine Verlagerung der inneren Kräfte erfolgen. Stellen wir uns vielleicht einmal vor, daß die Psyche keinen vorgegebenen Bauplan hat, der den Menschen im Laufe seiner Entwicklung vom Kind zum Erwachsenen heranreifen läßt, sondern ein leeres Gefäß darstellt, das sich nach und nach mit Inhalten füllt. Diese Inhalte bestehen aus den gemachten Erfahrungen einerseits und den daraus gezogenen Schlußfolgerungen andererseits, die sich im Verhalten dokumentieren. Aus diesen Inhalten entwickeln sich die Eigenschaften der Persönlichkeit. Sie sind formbar, entstehen im Laufe der Persönlichkeitsentwicklung in unterschiedlicher Ausprägung, je nach Einwirkung der äußeren Kräfte auf die inneren Kräfte der Psyche.

Wie würde nun eine psychisch gesunde Persönlichkeit aussehen?

Die psychische Gesundheit ist ident mit Offenheit und Weite des Geistes, Kontaktfreudigkeit, Toleranz, Kreativität, Natürlichkeit, Selbstvertrauen, Liberalität, Selbständigkeit, Intuition, Entspanntheit und körperlichem Wohlbefinden. Im Gegensatz dazu ist der psychisch kranke und unglückliche Mensch vor allem durch seine zwanghafte Reaktionsweise gekennzeichnet, die sich in der Enge und Begrenztheit seines Denkens und Handelns, der Reserviertheit gegenüber den Mitmenschen, in Dominanzstreben, Egoismus, Skepsis, Besorgtheit, übermäßiger Gruppenabhängigkeit, übertriebener Selbst- und Verhaltenskontrolle, innerer Anspannung und körperlichem Unwohlsein manifestiert. Seine offensichtliche Starrheit und Inflexibilität sind nichts anderes als ein Verhaltensschema, das die Angst vor einem Versagen zudeckt: Angst vor Mißerfolg im zwischenmenschlichen Bereich, Angst vor zu großer Folgebereitschaft (ausgenutzt zu werden), Angst vor zu großer Duldsamkeit, vor übermäßiger Sorglosigkeit, allzu großer Selbständigkeit, vor der eigenen Spontaneität und Impulsivität, Angst vor Schuldgefühlen gegenüber der eigenen Entspannung und Ausgeglichenheit. Die natürlichen und gesunden Ansichten und Eigenschaften eines psychisch starken Menschen würde er etwa so sehen: Kontaktoffenheit setzt er mit Anbiedern gleich. Toleranz bedeutet für ihn fehlende eigene Meinung. Kreativität ist für ihn realitätsfremd. Natürlichkeit bedeutet, daß sich der andere gehen läßt. Im Selbstvertrauen erkennt er mangelnden Ernst. Liberalität bedeutet für ihn, daß der andere nicht weiß, was er will. Selbständigkeit setzt er mit Scheu vor Verantwortung und Unterordnung gleich. Spontaneität heißt für ihn nichts anderes als mangelnde Beherrschung. Entspannung ist für ihn Nachlässigkeit.

Es ist nicht einfach, einen psychisch nicht gefestigten Menschen zum Loslassen, zur Offenheit gegenüber seiner Umwelt und dadurch zur Offenheit gegenüber sich selbst zu bewegen. Seine Widerstände, die innere Angst abzubauen, seine Einstellung von einer beklemmenden Enge hin in eine weite Offenheit zu führen, sind so groß, daß er die darin liegende Stärke der Einzelpersönlichkeit nicht erkennt, die nur in einer solchen seelischen Elastizität verwirklicht werden kann.

Die Selbstbehandlung von Ängsten

Selbstverständlich ist es nicht ganz unproblematisch, Behandlungstechniken aus der Hand des Spezialisten in die Hand des Laien zu geben. Es gibt leider genügend Beispiele dafür, daß Laien durch die unsachgemäße Ausübung von Heilverfahren Schaden angerichtet haben. In diesem Buch finden Sie nur Techniken zur Angstreduktion, zum Streßabbau und in weiterer Folge zur Entfaltung von Charisma, die sich nicht negativ auswirken können. Wenn Ihre Ängste über ein leicht blockierendes Ausmaß hinausgehen oder sich schon als Krankheit manifestieren, sollten Sie allerdings einen Spezialisten aufsuchen.

Angstreduktionstechniken

Zu allen Zeiten haben die Menschen mit großem Aufwand versucht, Angstreize zu vermeiden, gegen entstehende Ängste anzukämpfen und bestehende Ängste zu heilen. Tatsächlich ist sogar eine ganze Reihe kultureller und traditioneller Werte auf abergläubische Rituale der Angstbewältigung zurückzuführen. Die Besänftigung der gelästerten Götter in Form von ritualisiertem Tanz oder Opferfesten halfen Naturvölkern, die Angst vor deren erwartetem Zorn zu lindern. Mindestens ebenso primitiv, aber genauso wirksam sind die heute noch gebräuchlichen Mechanismen der Angstreduktion, die im ritualisierten Salzstreuen, Klopfen auf Holz, über die Schulter spucken, in nicht fertig ausgesprochenen Gelübden, Glückwünschen und vielen abergläubischen Verhaltensweisen zum Ausdruck kommen. Auch haben praktisch alle Religionen eine ganze Reihe von Verhaltensrichtlinien, die einzig auf die Bewältigung rationaler und irrationaler Ängste zielen. Vielleicht ist es sogar ein Streßmoment unseres modernen Lebensstils, daß mit der zunehmend sozialen und geistigen Entwicklung des Menschen und mit der immer aufgeklärter und rationaler werdenden Kultur immer weniger Rituale der Angstbewältigung als sinnvoll und wirkungsvoll anerkannt und praktiziert werden. Abergläubisches Verhalten ist aber nicht die einzige Möglichkeit oder der einzige Versuch des Menschen gewesen, Angst zu bewältigen. Speziell im Erziehungsverhalten zeichnen sich viele Elemente ab, die sogar noch in heutigen therapeutischen Techniken Verwendung finden: Kinder, die Angst haben, wurden schon zu allen Zeiten mit Worten suggestiv beruhigt und gestreichelt, von den Eltern begleitet und durch deren Anwesenheit beschützt. Mit dem Fortschritt der wissenschaftlichen Forschung konnten die eigentlich wirksamen Elemente angstmindernder Techniken, die in der praktischen Anwendung meist miteinander vermischt auftraten, immer besser analysiert, isoliert und für die gezielte Therapie nutzbar gemacht werden. Die operationale Definition der Angst war ein wichtiger Schritt auf diesem Weg.

Wenn Angst eine Reaktion auf aversive Reize ist, so kann entweder die Reizseite im erwünschten Sinne verändert und beeinflußt werden oder die Reaktionsseite. Die Beeinflussung der Reizseite kann nur in einer Entfernung oder Minderung des aversiven Reizes bestehen. Die Beeinflussung der Reaktionsseite geschieht durch die sogenannte Gegenkonditionierung. Sie beruht auf der einfachen aber wichtigen Tatsache, daß bestimmte Reaktionen nicht gleichzeitig mit Angstreaktionen auftreten können. »Entweder — oder« scheint sich der Organismus hier zu sagen, weswegen dieses Phänomen in der Wissenschaft das »Prinzip der reziproken Hemmung« genannt wird.

Die mit Angst unvereinbaren Reaktionen sind muskuläre Entspannung (zu überprüfen mittels Elektromyogramm), sexuelle Reaktionen und Eßverhalten. Wenn nun eine dieser angsthemmenden Reaktionen in Gegenwart eines aversiven (angsterzeugenden) Reizes hervorgerufen werden kann, so stört sie die ursprüngliche Verknüpfung zwischen diesem Reiz und der Angstreaktion. Sie kann dann bei entsprechend häufiger Auslösung mit immer größerer Wahrscheinlichkeit auftreten und die Angstreaktion immer unwahrscheinlicher machen. Mit anderen Worten: Je häufiger und leichter jemand beim Eintreten eines (ursprünglich) aversiven Reizes mit muskulärer Entspannung reagieren kann, umso geringer wird die Wahrscheinlichkeit, daß er mit Angst reagiert.

Angst ist eine Reaktion, die auf drei Verhaltensebenen — der subjektiv-kognitiven, der physiologischen und der motorischen — abläuft. Diese drei Ebenen können gleichförmig an der Angstreaktion beteiligt sein, oder unterschiedlich und unabhängig voneinander, oder einander gegenseitig beeinflussen. Die Angsthemmung auf einer dieser drei Ebenen kann demnach auch entsprechende Effekte auf den anderen Ebenen bedingen und die Angstreduktion so immer intensiver werden lassen, wobei sich die Beeinflussung der verschiedenen Ebenen verschieden schwierig gestalten kann.

Die Betätigung der Muskeln liegt auf der Reaktionsebene, die am besten willkürlich beeinflußt werden kann, und wie wir noch sehen werden, ist bei entsprechender Übung auch relativ leicht und sicher eine gute muskuläre Entspannung herbeizuführen. (Am schnellsten und effektivsten kann diese Muskelentspannung in einem Biofeedbacklabor trainiert werden.)

Der direkte Zugang zur physiologischen Ebene führt über die Suggestion und von ihr getragenen Techniken (autogenes Training, Hypnose, Meditation, Biofeedbacktraining), manchmal ist auch der beruhigende Einfluß von Autoritätspersonen allein wirksam. Der Beeinflussungserfolg über diese Ebene ist von der individuellen Suggestibilität und der normalerweise kurzfristigen Einflußdauer abhängig. Der Zugang zur subjektiv-kognitiven Ebene ist für die direkte Angstreaktion nicht optimal, da es bekanntlich nicht viel nützt, sich vorzusagen: »Ich habe keine Angst.« Nur im Sinne der Aufmerksamkeitsausrichtung (Konzentration), der Beeinflussung der Wahrheit, haben bestimmte meditative Techniken in zweiter Linie eine angstreduzierende Wirkung, wenn sie selektiv die Wahrnehmung aversiver oder vitaler Reize beeinflussen. Auch das Nicht-sehen-Wollen von aversiven Reizen ist dieser Reaktionsebene zuzuordnen. Diese drei Ebenen werden bei der später erläuterten Methode der systematischen Desensibilisierung gleichzeitig beeinflußt, woraus sich auch ihre Stellung als derzeit wirksamste Behandlungsmethode angstbestimmter Verhaltensstörungen erklärt.

Angstabbau durch körperliche Entspannung

Das systematische Entspannungstraining

Einer der großen Vorteile dieses Entspannungstrainings, das sowohl für Rechtshirnige als auch für Linkshirnige geeignet ist, ist die relativ kurze Übungszeit, die für das Erlernen der vollständigen Entspannung notwendig ist. Mit der hier angebotenen Einteilung der Übungsschritte können Sie bis zu einem gewissen Grad sogar selbst bestimmen, wie schnell Sie die Entspannung erlernen wollen; es wird im wesentlichen von Ihrem persönlichen Engagement und auch von einer bereits vorhandenen allgemeinen Entspannungsfähigkeit abhängen, wie schnell Sie die einzelnen Übungsschritte bewältigen können. Die für das Erlernen der vollständigen Entspannung aufgewandte Zeit sollte jedoch bei allem Fleiß nicht weniger als eine Woche betragen. Wenn Sie langsamer vorgehen wollen, sollten Sie andererseits auch bei noch so großer Gründlichkeit und Sorgfalt in der Übungsdurchführung nicht länger als zwei Wochen ansetzen. Diese Entscheidung wird sich für Sie aber erst während der praktischen Durchführung ergeben. Von besonderer Bedeutung für den Erfolg des Entspannungstrainings ist die Frage, zu welcher Tageszeit Sie sich regelmäßig dafür Zeit nehmen wollen und können. Durch die Wahl des für Sie persönlich günstigen Übungszeitpunktes sollte von vornherein gewährleistet sein, daß Sie einerseits genügend Zeit haben und nicht zwischen wichtigen Terminen keine innere Ruhe finden können oder ständig von äußeren Reizen gestört und in Anspruch genommen werden; andererseits sollten Sie auch nicht so müde und abgespannt sein, daß Sie sich nicht mehr auf die konsequente und korrekte Durchführung der Anweisungen konzentrieren können. Angesichts dieser Überlegungen scheint es allgemein günstig zu sein, wenn man mit dem Entspannungstraining erst abends nach der getanen Arbeit beginnt. Zu diesem Zeitpunkt ist man in der Regel der üblichen Sorgen und Ablenkungsmöglichkeiten des Alltages enthoben, die kleinen Kinder sind bereits im Bett, und es fallen normalerweise auch keine wichtigen geschäftlichen Telefongespräche an, auf die man in jedem Fall antworten müßte. Ein weiterer Vorteil dieser Tageszeit ist darin zu sehen, daß der dann bestehende mehr oder minder verspannte körperliche Zustand die darauf folgende Entspannungsübung besonders angenehm erleben läßt und etwa auftretende Anfangsschwierigkeiten mit der innerlichen Hingabe an die Übung leicht überwinden hilft. Von dieser Empfehlung können Sie natürlich jederzeit abweichen, wenn sich für Sie persönlich ein Übungszeitpunkt ergibt, der die eben genannten Bedingungen besser erfüllt. In jedem Falle sollte, wenn möglich, der einmal gewählte Zeitpunkt regelmäßig und konsequent eingehalten werden. Am besten begibt man sich zur praktischen Durchführung der Übungen in ein ruhiges, normal temperiertes Zimmer, in dem sich eine bequeme Ruhemöglichkeit befindet, etwa ein Fernsehsessel, und möglichst kein Telefon. Nichts darf für Sie während der Übungszeit so wichtig sein, daß Sie es sofort erledigen müßten. Aus diesem Grund ist auch ratsam, schon vor Übungsbeginn sicherzustellen, daß Sie innerhalb der folgenden Stunde keinerlei Verpflichtung haben, auch wenn die Übung selbst nur zwanzig Minuten in Anspruch nimmt. Sie sollten ganz sicher sein, daß Sie nichts ablenken oder auch nur im geringsten in Spannung halten kann. Es wäre sogar zu empfehlen, andere Familienmitglieder darauf hinzuweisen, daß Sie wegen der Übung in der nächsten Stunde auf keinen Fall gestört werden wollen.

Die innere Vorbereitung

Noch wichtiger als alle äußere Vorbereitung ist die innere Vorbereitung auf die systematische Entspannung. Noch bevor Sie auch nur eine einzige körperliche Übung durchführen, müssen Sie sich innerlich auf die Entspannung einstellen und zwanglos einstimmen. Zu diesem Zweck legen Sie sich zunächst auf Ihrer Unterlage zurecht und überprüfen und korrigieren Ihre Lage so lange, bis Sie das Gefühl haben, daß Sie wirklich bequem und druckfrei liegen und nichts an Ihrer Lage Sie stört. Nun schließen Sie die Augen und versuchen Sie, an nichts zu denken. Versuchen Sie vorerst, an nichts Bestimmtes zu denken, denn irgend etwas denkt der nicht entspannte Mensch immer — lassen Sie Ihre Gedanken kreisen, einfach kommen und gehen, aber unbearbeitet. Genießen Sie die Vorstellung, daß Sie im Augenblick nichts berühren oder behelligen kann, daß Sie sich völlig ungestört diesem angenehmen Gefühl der Entspannung, der Ruhe hingeben können und keinerlei Pflichten oder Aufgaben zu erfüllen haben. Im Moment ist nichts so wichtig, daß es erledigt werden müßte. Alles, was Sie in Gedanken bedrängen könnte, hat Zeit für später. Lassen Sie sich in irgendwelche angenehme Vorstellungen treiben, versetzen Sie sich dabei in Gedanken in jeden Muskel Ihres Körpers, versuchen Sie, jeden Muskel zu erfühlen, und gehen Sie dabei ganz ruhig und entspannt vor. Fühlen Sie die angenehme Wärme und Entspannung. Bewegen und strecken Sie jetzt alle Muskeln Ihres Körpers ganz leicht und nur im Ansatz, so als wollten Sie eine kurze Muskelprobe machen. Lassen Sie sich dann erneut und noch tiefer zurücksinken und horchen Sie dabei mit Ihrem inneren Sinn wieder in Ihren Körper hinein. Sie erleben schon während dieser inneren Vorbereitung Ihren Körper ganz neu, und vermutlich werden Sie das erste Mal das Gefühl haben, so richtig in Ihrem Körper drin zu stecken und ihn von innen ganz auszufüllen. Sie werden sich seiner Ausdehnung und seines Inhaltes ganz bewußt, Sie können seine Muskeln spüren und auch das Gewicht erahnen, mit dem Ihr Körper auf die Unterlage drückt. Lassen Sie das Gefühl der Schwere wirken und genießen Sie es. Im allgemeinen beginnt man das eigentliche Entspannungstraining mit den Muskeln der rechten Hand — immer dann, wenn der Übende Rechtshänder ist. Alle Linkshänder beginnen entsprechend mit ihrer linken Hand, weil für die jeweilige dominante Hand (Schreibhand) die besten Voraussetzungen zur Beobachtung des Feingefühls — also auch der Entspannung — gegeben sind. Um eine wirklich gute körperliche Entspannung erleben zu können, muß man erst lernen, dieses Gefühl wahrzunehmen und zu empfinden — eine ganz wesentliche Voraussetzung für das Entspannungstraining, die den Übungsfortschritt so erstaunlich schnell und einfach möglich macht. Im Verlauf unserer langjährigen Biofeedbackpraxis hat sich gezeigt, daß die Übenden die feinen Unterschiede der verschiedenen Anspannungs- und Entspannungsstufen dann am besten wahrnehmen und auch kontrollieren lernen, wenn alle Muskelpartien systematisch zuerst angespannt und dann wieder entspannt werden. Man lernt sich also an den Zustand der Entspannung dadurch am besten zu gewöhnen, daß man zunächst ein feines Gefühl für Anspannung entwickelt, dann für Spannung und Entspannung als gegensätzlichen Zustand und schließlich für Entspannung selbst. So kommt es zu einem einfacheren Aufbau einer natürlichen Biofeedbackschleife.

1. Versuchen Sie langsam zu lernen, den jeweiligen Spannungszustand Ihrer Muskeln wahrzunehmen. Sie sollen also am Ende des Trainingsteils in der Lage sein, unterschiedlich starke muskuläre Spannungen klar zu erkennen und zu unterscheiden.
2. Sie sollten ferner die Grundspannung der Skelettmuskeln weit unter den normalen Tonus herabsetzen können bis hin zu einer völligen Lockerung dieser Muskeln. (Wenn Ihnen dies durch die Übungen, die hier beschrieben sind, nicht möglich ist, wäre Ihnen anzuraten, einige Stunden Biofeedback-Muskelentspannungstraining zu absolvieren.)
3. Zusätzlich werden Sie damit Ihr gesamtes körperliches Aktivierungsniveau herabsetzen.
4. Im Verlauf der Übungen werden Sie auch lernen, schrittweise immer mehr Empfindungen zuzulassen, die Ihnen vorher vielleicht ungewohnt oder eher bedrohlich erschienen sind.
5. Allmählich werden Sie auch Ihre Konzentrationsfähigkeit steigern.

Entspannung der Hand

Lenken Sie jetzt Ihre Aufmerksamkeit auf Ihre rechte Hand und spannen Sie diese langsam an. Schließen Sie sie ganz langsam zu einer Faust. Achten Sie dabei auf die Gefühle bei dem stetigen Übergang vom Ruhezustand zu einer immer stärker werdenden Anspannung der Muskeln. Drücken Sie die Faust noch stärker zusammen und fühlen Sie, wie die Spannung weiter wächst, wie Ihre Muskeln härter und fester werden. Die Anspannung ist nun bald an dem Punkt angelangt, wo Ihre Kraft zu einem weiteren Zusammenpressen der Faust nicht mehr ausreicht. Wahrscheinlich fängt Ihre Hand nun leicht zu zittern an, und Sie können sie nicht weiter anspannen. Halten Sie nun die Anspannung zirka fünf Sekunden lang aufrecht, fühlen Sie während dieser Zeit, wie jeder einzelne Finger Ihrer Hand verspannt ist. Machen Sie sich diese Anspannung bewußt. Nehmen Sie sie ganz deutlich wahr und achten Sie darauf, wie sie in den Muskeln und den belasteten Gelenken zum Ausdruck kommt. Zählen Sie dabei langsam von fünf bis eins.

Danach kommt die Entspannung.

»Entspannen!« Sprechen Sie dieses Wort innerlich ganz bewußt aus und lassen Sie damit schlagartig die Spannung in der Hand los. Einfach loslassen, ganz plötzlich alle Anspannung aus den Muskeln herauslassen. Ihre Hand hängt jetzt leicht und locker am Handgelenk. Mit einem Mal sind alle Gefühle der Anspannung weg. Die Finger sind etwas gekrümmt, und langsam beginnt sich Entspannung in der Hand auszubreiten. Achten Sie auf die Gefühle, die dabei in den Muskeln auftreten. Diese Gefühle können vielfältiger Art sein. Es kann sich um Schwere, Wärme, Kälte, Zittrigkeit, aber auch um ein prickelndes Gefühl handeln. Versuchen Sie bei den Übungen zur Muskelentspannung, diese Gefühle nicht kontrollieren zu wollen. Lassen Sie sie kommen und akzeptieren Sie es auch, wenn sie sich verwandeln oder wieder verschwinden. Versuchen Sie, keinen Einfluß auf sie zu nehmen und sie nur zu beobachten. Nach dem aktiven Anspannen der Muskeln bedeutet Entspannung hier vor allem passives Geschehenlassen und passive Wahrnehmung. Lassen Sie alles zu, auch wenn es vielleicht neu und ungewohnt ist. Versetzen Sie sich in die Rolle eines passiven Beobachters, der alles geschehen läßt, was sich in der Hand abspielt. Tun Sie nichts anderes als nur beobachten und fühlen, bloß fühlen, ganz passiv sein, nur beobachten und fühlen. Lassen Sie die Spannung nicht langsam und allmählich los, sondern plötzlich und schlagartig. Es soll so sein, als würden Sie ein zur Seite gezogenes Pendel mit einem Male loslassen, so daß es frei zur anderen Seite schwingen kann. Die Faust soll sich lediglich durch das Loslassen der Spannung öffnen. Achten Sie deshalb darauf, daß Sie dabei nicht aktiv die Streckmuskeln anspannen und somit die Finger nach außen ziehen. Das Öffnen der Hand geschieht ganz von allein, einfach loslassen. Versuchen Sie, während der Entspannungsphase Ihre Finger und die Hand nicht mehr willentlich zu bewegen. Lassen Sie sie in der Lage, in der sie nach dem Rauslassen der Spannung hängen- oder liegenbleibt. Durch irgendwelche Bewegungen würden Sie wiederum bestimmte Muskeln anspannen und somit den Entspannungsvorgang verzögern. Sollten sich Ihre Finger jedoch unwillkürlich bewegen oder leicht zu zucken anfangen, so lassen Sie dies zu. Diese unwillkürlichen Muskelkontraktionen sind bei vielen Menschen im Anfangsstadium der Entspannung absolut normal.

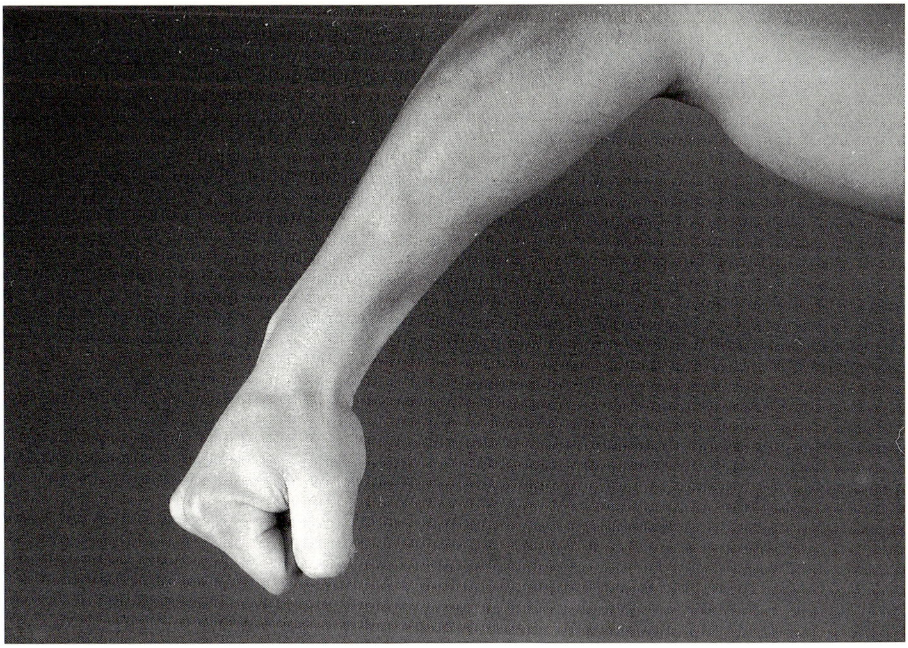

Nochmaliges Anspannen

Sollten Sie nach etwa zwei bis vier Minuten des Entspannens noch nicht mit dem erreichten Zustand der Entspannung zufrieden sein, so warten Sie vielleicht einfach noch ein wenig. Sie können jedoch auch noch einmal anspannen, um dann erneut alle Spannungen aus den Muskeln herauszulassen. Versuchen Sie, die Hand noch mehr als beim ersten Mal zu lockern, noch weiter loszulassen und immer tiefer in die Entspannung hineinzugehen. Die gleiche Übung führen Sie mit der linken Hand durch. Wieder anspannen, Halten der Spannung, entspannen. Danach kommen beide Hände gleichzeitig, wieder anspannen, Halten der Spannung, entspannen. Dann gehen Sie zur nächsten Übung über.

Entspannung des Unterarmes

Sie haben wahrscheinlich schon beim Anspannen der Hände bemerkt, daß auch die Muskeln des Unterarmes mehr oder weniger in diese Spannung mit einbezogen wurden. Ballen Sie also wieder Ihre rechte Hand zu einer Faust und fühlen Sie, wie die Spannung im rechten Unterarm wächst, während Sie die Faust immer fester zusammendrücken, zusätzlich drücken Sie nun Ihre Faust im Handgelenk nach unten gegen den Unterarm. Sie spüren, wie dort die Spannung immer mehr wächst bis zu einem Punkt, wo Ihre Kraft nicht mehr weiter reicht.

Während Sie die Spannung wieder fünf bis sieben Sekunden lang anhalten, konzentrieren Sie sich ausschließlich auf die dabei entstehenden Gefühle im Unterarm, so als müßten Sie sich diese Gefühle einprägen, um sich ihrer später wieder erinnern zu können. Zählen Sie wieder langsam fünf, vier, drei, zwei, eins.

Auf Ihr Signal: »Entspannen!« lassen Sie mit einem Male wieder alle Spannung aus den Muskeln heraus. Achten Sie auch hier auf die Gefühle, die mit zunehmender Lockerung der Muskeln in den Unterarm einfließen. Lassen Sie alles zu, lassen Sie alles geschehen. Seien Sie ganz passiv.

Es ist für manche Menschen nicht ganz einfach, funktional nicht zusammenhängende Muskelgruppen einzeln anzuspannen. Insbesondere bei chronischen Muskelverspannungen kommt es häufig vor, daß beispielsweise beim Anspannen der Hand auch die Muskeln des Oberarmes und sogar die des Nackens und der Stirn unwillkürlich mitbetätigt werden. Sie sollten darauf achten, daß Sie die einzelnen zu übenden Muskelgruppen unabhängig voneinander anspannen. Bei der Übung für die Unterarme sollten deshalb außer einem leichten Zug, der sich in den tieferen Muskelschichten bemerkbar macht, die Oberarmmuskeln völlig locker und entspannt sein. Falls Sie hierbei Schwierigkeiten haben, üben Sie vorher das Anspannen. Nun wiederholen Sie diese Übung mit dem linken Unterarm. Wieder anspannen, Spannung halten, zählen, entspannen. Dann erweitern Sie die Übung auf das Anspannen beider Unterarme gleichzeitig, bevor Sie zu den Oberarmen weitergehen. Versuchen Sie, beide Unterarme gleich stark anzuspannen und auch gleichzeitig auf das Signal »entspannen« loszulassen.

Entspannung des Oberarmes

Sie winkeln Ihren Unterarm zum Oberarm hin ab und drücken mit dem Ellbogen gegen die Armlehne. Ohne die Muskeln des Unterarmes und der Hand einzubeziehen, sollten Sie nun vor allem in den rückseitigen Muskeln Ihres Oberarmes Spannung verspüren. Drücken Sie wiederum so fest, daß Sie Ihre rechte Schulter leicht hochheben und die Muskeln Ihres Oberarmes zu zittern anfangen. Falls Sie auf einem Stuhl ohne Armlehnen sitzen, pressen Sie Ihren Unterarm gegen den Oberschenkel. Hierbei werden zwangsläufig die Streckmuskeln im Unterarm mit angespannt. Alle übrigen Muskeln des Unterarmes, wie die Hand, sollen jedoch ganz locker sein. Lassen Sie die Muskeln Ihrer Hand ganz locker und entspannt. Sie sollten die Hand im Handgelenk ganz frei bewegen können, ohne dadurch in irgendeiner Form die Spannung des Oberarmes verändern zu müssen. Nun kommen wir wieder zum Halten der Spannung. Der Oberarm ist meist nicht so leicht zu entspannen wie die Hand und der Unterarm. Halten Sie hier deshalb die Spannung et-

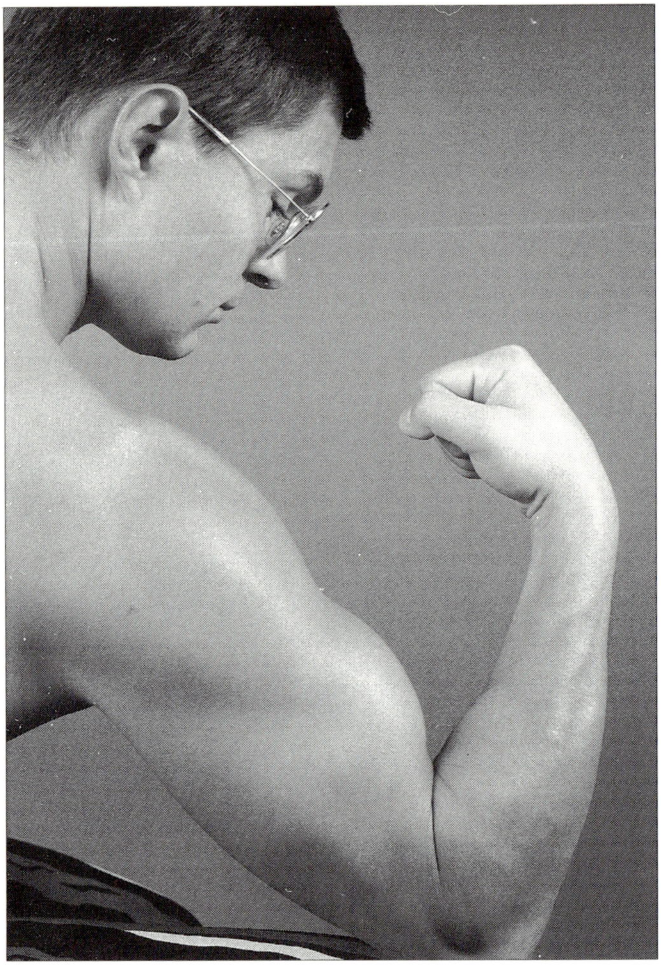

was länger als bisher an, versuchen Sie auch, ein Maximum an Anspannung zu erreichen, und nehmen Sie das Gefühl dieser Spannung wieder bis in alle Einzelheiten ganz bewußt wahr. Prägen Sie sich diese Spannung ein. Zählen Sie jetzt vielleicht sechs, fünf, vier, drei, zwei, eins — entspannen. Es ist wichtig, daß Sie auch hier das Signal »entspannen« innerlich ganz bewußt aussprechen. Lassen Sie daraufhin ganz plötzlich die Anspannung los, so daß Ihr angewinkelter Unterarm locker nach unten fällt oder die hochgestemmte rechte Schulter in sich zusammenfällt. Beobachten Sie nun, wie die Muskeln locker und weich werden, ganz locker und leicht, wie immer mehr Entspannung in den Oberarm einfließt und sich dort wohltuend ausbreitet. Lassen Sie sich und den Gefühlen Zeit; werden Sie nicht ungeduldig, sondern lassen Sie Gefühle zu, lassen Sie geschehen, beobachten Sie, nehmen Sie ganz passiv wahr. Nun wird die gleiche Übung mit dem linken Oberarm durchgeführt. Wieder anspannen, Spannung halten, entspannen, sich in die Entspannung hineinfühlen. Dann kommt die Übung mit beiden Oberarmen gleichzeitig, anspannen, Spannung halten, entspannen. Von den Oberarmen aus lassen Sie nun den Strom der Entspannung auch in die Unterarme und in die Hände einfließen, ohne diese vorher nochmals anzuspannen. Am Schluß dieser Übung sollten beide Arme gleichmäßig tief und angenehm entspannt sein.

Entspannung der Arme

Bis jetzt haben Sie die verschiedenen Muskelgruppen der Arme einzeln geübt. Mit Hilfe der folgenden Übung können Sie schnell zu einer Gesamtentspannung beider Arme kommen, ohne wieder schrittweise die einzelnen Muskeln anspannen zu müssen. Voraussetzung für diese Übung ist jedoch, daß Sie mindestens drei Tage hindurch die Muskelanspannung aller Muskelgruppen beider Arme sorgfältig geübt haben. Ähnlich wie bei der dritten Übung für die Oberarme pressen Sie auch hier beide Unterarme (angewinkelt) gegen die Oberarme. Gleichzeitig drehen Sie wiederum die Hände nach innen, ballen sie dieses Mal allerdings fest zu Fäusten. Halten Sie die Spannung. Konzentrieren Sie sich nun auf die Spannungsgefühle in beiden Armen und Händen und zählen Sie dabei wiederum von fünf bis eins. Mit dem folgenden Signal »entspannen« lassen Sie schlagartig alle Spannung heraus: Die Hände öffnen sich wieder, und die Unterarme sinken auf die Armlehnen oder Ihre Oberschenkel zurück. Nun beobachten Sie wieder: Lassen Sie alle Gefühle und Empfindungen zu, einfach geschehen, immer mehr Spannung entweichen lassen, ganz locker, ganz entspannt, bloß fühlen und beobachten. Lassen Sie alle Empfindungen der Entspannung sich gleichmäßig über beide Arme verteilen. Fassen Sie alle einzeln auftretenden Entspannungsgefühle zusammen, bis alle Muskeln der Arme sich in einem einzigen, gleichmäßig gelockerten Zustand befinden. Genießen Sie diesen Zustand, lassen Sie ihn einige Minuten auf sich einwirken. Nehmen Sie die Schwere wahr und die Temperatur.

Entspannung der Stirn

Ziehen Sie die Augenbrauen langsam hoch, so als wären Sie von irgend etwas sehr überrascht. Legen Sie die Stirn in Falten. Verstärken Sie diese Anspannung dann so lange, bis Ihre Stirn in tiefen Querfalten liegt. Achten Sie darauf, wie sich die Spannung in der Stirn und Scheitelregion anfühlt. Beobachten Sie ganz bewußt den immer stärker werdenden Druck auf die Stirn. Falls Sie häufig unter Kopfschmerzen in der Stirn- und Schläfenregion leiden, achten Sie besonders darauf, diese Muskeln beim Anspannen nicht zu verkrampfen. Bei den geringsten Anzeichen von unangenehmem Druck oder Schmerz stoppen Sie sofort die weitere Anspannung. Sollten sich dennoch die Ihnen bekannten Kopfschmerzen einstellen, so lassen Sie diese Übung aus.

Nun lassen Sie das Gefühl der Entspannung auch in Ihre Stirn fließen, ohne diese dabei anzuspannen. Auch bei dieser Übung halten Sie die Spannung, sobald sie stark genug ist. Während Sie die Spannung in der Stirn anhalten, beobachten Sie genau die dabei auftretenden Gefühle. Die Spannung wird wahrscheinlich über die gesamte Scheitelregion bis hinter die Ohren reichen. Achten Sie aber unbedingt darauf, daß der Muskeldruck nicht unangenehm oder schmerzhaft wird. Es ist besser, nicht so stark, dafür aber längere Zeit anzuspannen, als umgekehrt. Auch hier verlängern wir die Zählreihe: sechs, fünf, vier, drei, zwei, eins — entspannen. Nach Ihrem Entspannungssignal wird die Stirn wieder glatt und locker. Stellen Sie sich bildlich vor, wie Ihre Stirn und Kopfhaut sich mehr und mehr glätten, wie sich die darunterliegenden Muskeln strecken und dehnen. Lassen Sie die ganze Stirnpartie nach unten quasi über die Augenbrauen fallen. Einfach locker lassen, einfach geschehen lassen und den Zustand der Entspannung wahrnehmen. Eine andere Variante der Stirnanspannung wäre, die Augenbrauen zur Nase hin zusammenzuziehen und die Stirn so weit wie möglich nach unten zu schieben, so daß steile Zornesfalten auf Ihrer Stirn entstehen. Achten Sie auch hier auf das Gefühl der Spannung und des Druckes. Wählen Sie, welche der beiden Varianten der Anspannung Ihnen sympathischer ist und vor allen Dingen mehr Anspannung bringt. Auch diese Spannung wird wieder gehalten, und nach dem Zählen von sechs bis eins folgt wieder die Entspannung und das Wahrnehmen des entspannten Gefühls.

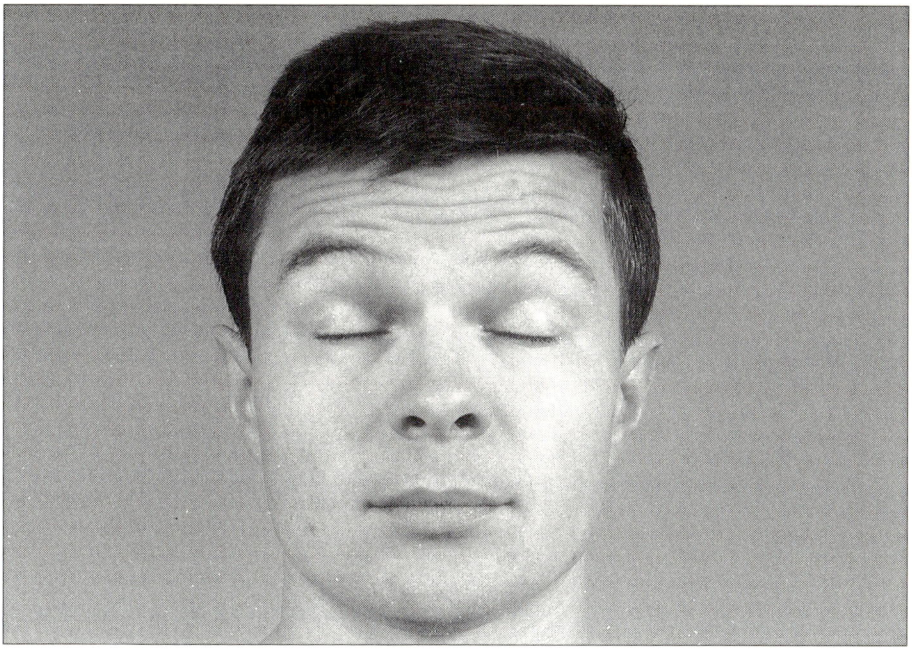

Entspannung der Augen

Bei den Augen werden sowohl die Muskeln der Lider wie auch jene der Augäpfel getrennt geübt. Schließen Sie die Augen. Pressen Sie langsam Ihre Augenlider immer stärker zusammen, bis beide Augen fest zusammengekniffen sind. Halten Sie die Spannung an. Wenn keine Empfindungen auftreten, spannen Sie die Augenlider so fest an, wie Sie nur können, und halten Sie die Spannung wieder fünf bis sieben Sekunden lang, beziehungsweise rollen Sie die Augen so lange, bis die Muskeln ermüden. Allerdings gilt auch hier der Grundsatz, daß es besser ist, längere Zeit die Spannung zu halten als allzu fest anzuspannen. Zählen Sie wieder: sechs, fünf, vier, drei, zwei, eins — entspannen. Bei der Entspannung werden die Augenlider anfangs geschlossen sein. Später, wenn Sie die Muskeln immer mehr lockern und ein immer tieferes Entspannungsstadium erreichen, werden sich die Lider vielleicht ganz von allein öffnen. Insbesondere dann, wenn die zu den Augäpfeln führenden Muskeln voll entspannt sind und damit die Konvergenzstellung zur Fixierung optischer Wahrnehmungsobjekte aufgehoben ist, werden Sie Gegenstände vor Ihrem Blickfeld doppelt sehen. Lassen Sie sich dadurch nicht beunruhigen. Sie können dieses Doppeltsehen jederzeit wieder rückgängig machen, und zwar allein dadurch, daß Sie sich auf das Objekt konzentrieren.

Entspannung der Bewegungsmuskulatur der Augäpfel

Zur Entspannung der Bewegungsmuskulatur der Augäpfel in den Augenhöhlen richten Sie den Blick steil nach oben, ohne dabei den Kopf zu bewegen. Dann schauen Sie nach unten und ganz extrem nach rechts oder nach links. Aus einer dieser Positionen heraus fangen Sie dann an, langsam mit den Augen zu rollen. Versuchen Sie, dabei den Radius so groß wie möglich zu halten. Dieses Augenrollen wird Ihnen bei geschlossenen Augen leichter fallen als bei geöffneten. Sie können diese Übung später auch mit dem Zusammenkneifen der Augen kombinieren. Beim Rollen der Augen zählen Sie von sechs bis eins. Wenn Sie bei eins angelangt sind, lassen Sie die Augen wieder in die normale Stellung zurückgleiten und genießen Sie die dadurch entstehende Entspannung.

Entspannung der Nase

Sie haben wahrscheinlich schon beim Zusammenkneifen der Augen bemerkt, wie sich Ihre Nase und Nasenwurzel ebenfalls angespannt hat. Um diese Spannung zu verstärken und auf die gesamte Nasenregion auszudehnen, brauchen Sie bloß im wahrsten Sinn des Wortes die Nase zu rümpfen. Achten Sie darauf, wie sich Ihre Nase zur Stirn hin in Falten zieht und wie dabei auch die Wangenmuskulatur über die Backenknochen in die Spannung mit einbezogen wird. Behalten Sie nun wieder diese Spannung fünf bis sieben Sekunden lang bei. Die Gefahr einer Verspannung ist hier kaum gegeben. Zählen Sie wieder von fünf bis eins: fünf, vier, drei, zwei, eins — entspannen. Neben dem üblichen Entspannungsgefühl der Schwere und Wärme können Sie hier einmal ganz bewußt wahrnehmen, wie es sich anfühlt, wenn Ihre Nase groß und schwer an Ihrem Gesicht zu hängen scheint.

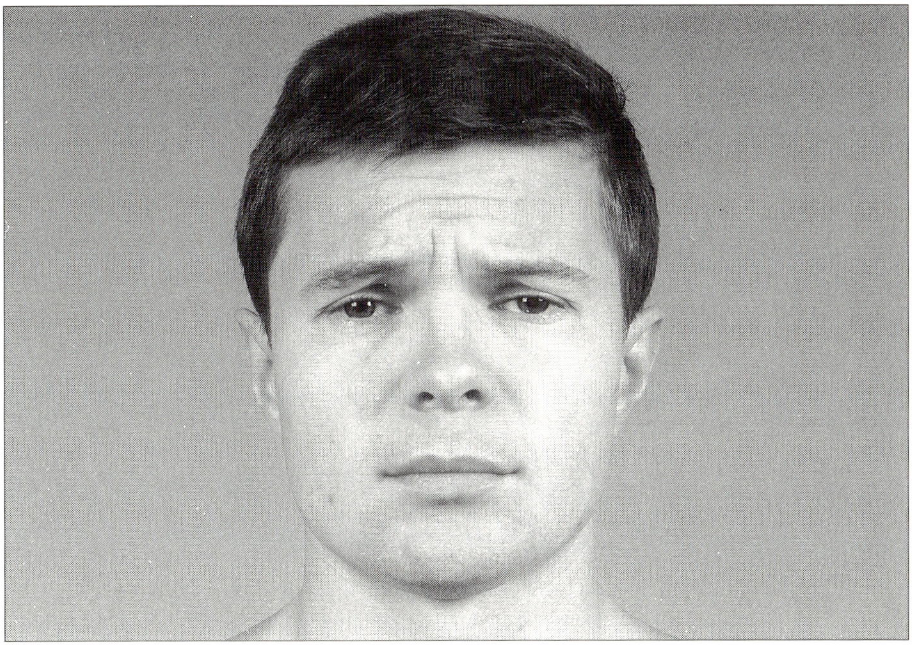

Entspannung der Lippen

Schieben Sie Ihre Lippen nach vorn und pressen Sie sie gleichzeitig zusammen — so als wollten Sie jemanden mit gespitztem Mund einen Kuß auf die Wange drücken. Behalten Sie die Spannung wieder bei. Zählen Sie von fünf bis eins: fünf, vier, drei, zwei, eins — entspannen. Mit zunehmender Entspannung werden sich Ihre Lippen möglicherweise leicht öffnen und sich vielleicht wie große, dicke Wülste anfühlen.

Entspannung der Zunge

Jetzt pressen Sie Ihre Zunge gegen die vordere Wölbung des Gaumens. Fangen Sie zunächst mit ganz leichtem Druck an und steigern Sie diesen dann langsam und gleichmäßig so weit, wie die Kraft Ihres Zungenmuskels reicht. Behalten Sie die Spannung bei. Spüren Sie, welche Kraft in Ihrer Zunge sitzt. Sie werden wahrscheinlich überrascht sein, welchen Druck Sie mit ihr ausüben können, auch wenn Sie diese ungewohnte Anspannung vermutlich nicht allzu lange aushalten. Zählen Sie wieder von fünf bis eins: fünf, vier, drei, zwei, eins — entspannen. Nun lassen Sie ganz plötzlich alle Spannung los und fühlen Sie, wie Ihre Zunge zurückfällt. Lassen Sie sie bequem und locker liegen und spüren Sie den Gefühlen nach, die sich nun ausbreiten. Möglicherweise wird Ihnen Ihre Zunge zunächst ganz schwer vorkommen, später vielleicht riesengroß und den gesamten Mundraum ausfüllend.

Entspannung der Wangen

Bei dieser Übung sollten Sie buchstäblich die Zähne zusammenbeißen. Fühlen Sie dabei die Spannung in den Kaumuskeln und den Druck auf den Zähnen. Fangen Sie mit einer leichten Anspannung an und werden Sie dann immer kräftiger. Behalten Sie die Spannung bei: fünf, vier, drei, zwei, eins — entspannen. Mit dem Loslassen der Spannung wird Ihr Unterkiefer nach unten sinken, lassen Sie ihn einfach hängen. Wenn Sie völlig lockerlassen, wird er genau im toten Punkt der entspannten Muskulatur bleiben. Ihr Mund kann sich dabei etwas öffnen, muß es aber nicht. Für einige Menschen ist die Kiefermuskulatur ein kritischer Punkt. Sollten Sie dazu neigen, nachts oder auch tagsüber die Zähne aufeinander zu reiben (Zähneknirschen), so achten Sie ganz besonders darauf, diese Muskeln nicht durch allzu starkes Anspannen zu verkrampfen. Natürlich sollte der Druck auch nicht so stark sein, daß Ihnen die Zähne weh tun.

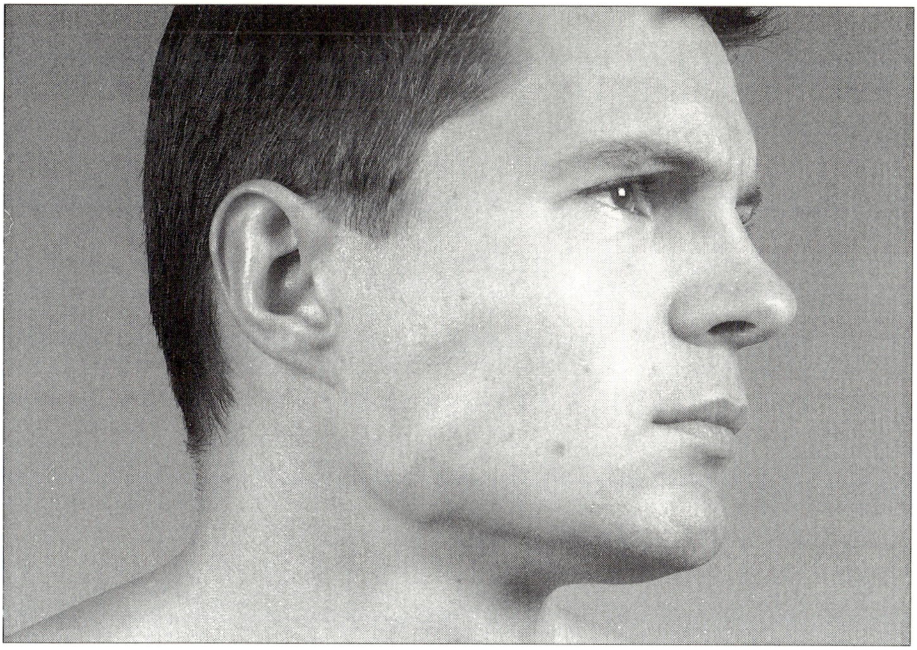

Gesamtentspannung des Gesichts

Nachdem Sie nun alle Muskelgruppen des Gesichts einzeln durchgegangen sind und etwa drei Tage lang geübt haben, fassen Sie sie wieder zusammen. Dazu können Sie im Anschluß an die letzte Übung für die Wangen-Kiefermuskulatur die dort auftretenden Spannungsempfindungen langsam sich über das ganze Gesicht ausdehnen lassen. Andererseits können Sie aber auch die folgende Übung zur Gesamtentspannung aller Gesichtsmuskeln durchführen: Stellen Sie sich vor, Sie beißen in eine schöne saure Zitrone. Dabei zieht es Ihnen das ganze Gesicht zusammen. Mit anderen Worten: Sie beißen die Zähne zusammen, pressen die Lippen aufeinander, ziehen die Stirn bis zur Nasenwurzel hin in Falten und kneifen die Augen zu. Behalten Sie diese Spannung bei. Es gibt Personen, die ständig ein verkniffenes und zusammengebissenes Gesicht haben. Nehmen Sie nun deutlich die Empfindung wahr, die ein solcher Gesichtsausdruck hervorruft. Währenddessen zählen Sie wie immer von fünf bis eins: fünf, vier, drei, zwei, eins — entspannen. Lassen Sie nun alle aufkommenden Entspannungsempfindungen sich gleichmäßig über das ganze Gesicht verteilen. Seien Sie ganz locker, lassen Sie alles fallen, entspannen Sie sich ganz. Versuchen Sie, der Entspannung immer weiter nachzugeben, sie immer tiefer und umfassender werden zu lassen. Lassen Sie Ihre Gesichtszüge einfach fließen. Die Gesichtsübungen fallen den meisten Menschen leichter, wenn sie sie vor einem Spiegel durchführen, um zu beobachten, ob die Spannung stark und ausgeprägt ist.

Entspannung des Halses

Zum Anspannen des Halses schlage ich Ihnen hier zwei Varianten vor, von denen Sie sich die Ihnen angenehmere heraussuchen können. Die rückseitigen Halsmuskeln (Nackenmuskulatur) sind gewöhnlich schwierig zu entspannen. Für diese werden Sie deshalb eine gesonderte Übung durchführen. Bei der folgenden Übung konzentrieren Sie sich vorwiegend auf die vorderen und seitlichen Muskelstränge des Halses.
Erste Variante:
Drehen Sie den Kopf langsam nach rechts, immer weiter und stärker, so weit es Ihnen möglich ist, ohne dabei unangenehme oder schmerzhafte Gefühle hervorzurufen. Achten Sie auf die Spannung, die dabei in den Halsmuskeln entsteht. Dann drehen Sie den Kopf zurück zur Mitte, weiter zur linken Seite, langsam und gleichmäßig. Erhalten Sie die Spannung jeweils weitere fünf bis sieben Sekunden aufrecht. Wichtig: Führen Sie diese Übung ganz langsam und gleichmäßig durch. Vermeiden Sie ruckartige Bewegungen und spannen Sie nur so weit an, daß Sie keine unangenehmen Empfindungen, beispielsweise in den Nackenmuskeln oder in den Nackenwirbeln, spüren. Sollten Sie häufig einen steifen Hals haben, so ist diese Übung als Gegenmittel geeignet, wenn Sie entsprechend vorsichtig vorgehen.
Nun zur *zweiten Variante:*
Drücken Sie den Kopf so weit es geht nach hinten und achten Sie auf die Spannung, die hierbei im Nacken entsteht. Gleichzeitig schieben Sie Ihr Kinn nach vorn, wiederum so weit es irgendwie möglich ist. Nun

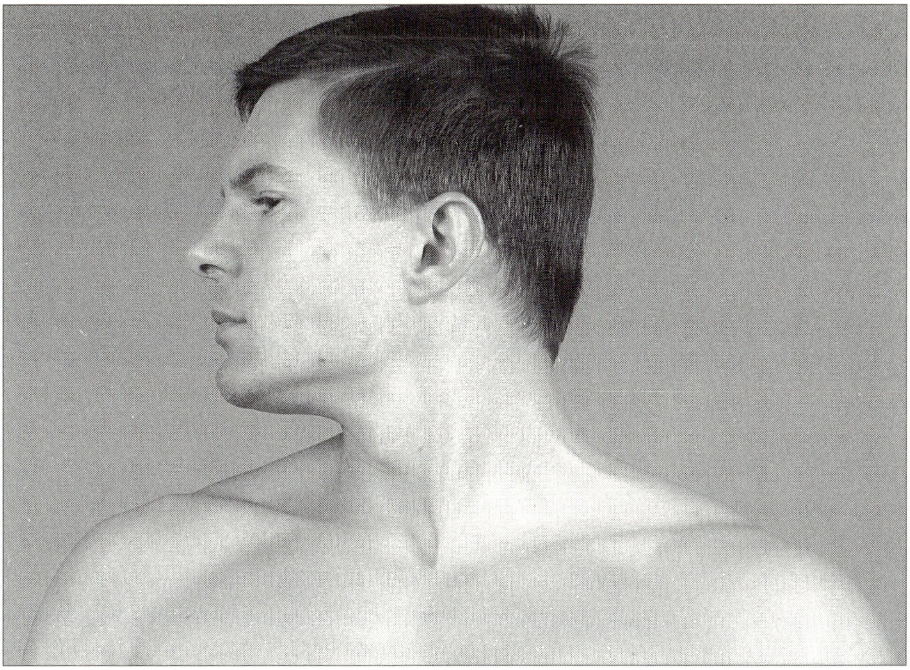

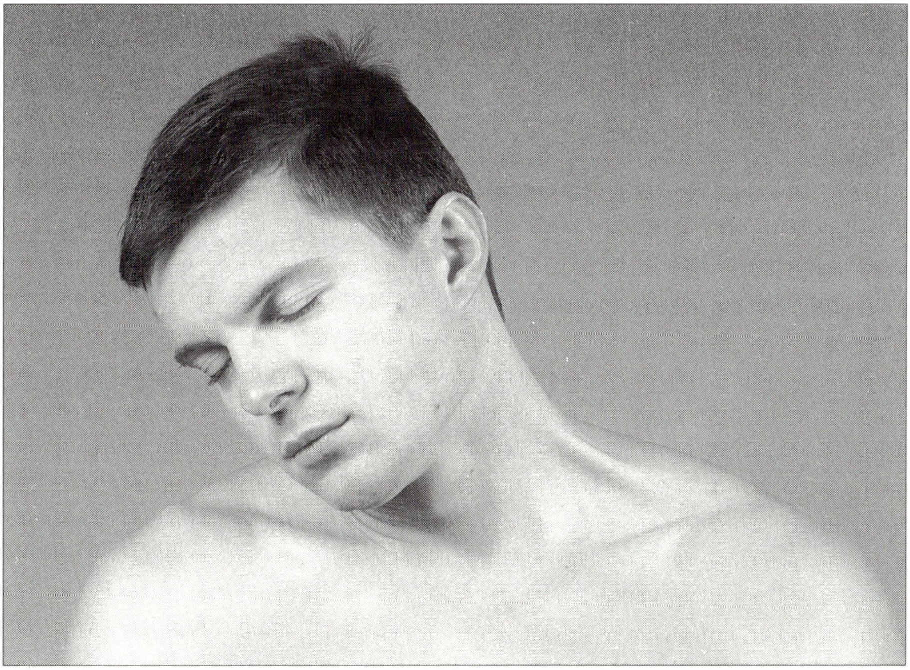

spüren Sie auch in der vorderen Halspartie Spannung. Behalten Sie diese Spannung ein paar Sekunden lang bei und lassen Sie den Kopf dann wieder in die Mittellage zurückkehren. Beobachten Sie dabei das Nachlassen der Spannung vor allem im Nackenbereich. Achten Sie nun auf den Wechsel in der Spannung, wenn Sie gleich den Kopf nach vorne drücken und dabei das Kinn ganz fest gegen die Brust pressen. Sowohl in der vorderen wie auch in der hinteren Halspartie sollten Sie nun starke Spannung fühlen. Wichtig: Wenn Sie unter einer Überfunktion der Schilddrüse leiden, sollten Sie auf diese Übung verzichten. Nach ein paar Sekunden kehren Sie wiederum in die entspannte Mittellage zurück und drücken den Kopf anschließend so fest Sie können gegen Ihre rechte Schulter. Spüren Sie die Spannung auf der rechten Seite des Halses und das Ziehen in den linken Halsmuskeln? Danach legen Sie den Kopf nach links und pressen ihn so weit es geht nach unten auf die linke Schulter. Auch hier spüren Sie deutlich die angespannten und gedehnten Muskelstränge.
Richten Sie den Kopf jedes Mal wieder auf und lassen Sie ihn auspendeln, bis er ganz von alleine in einer bequemen Mittellage seine Ruhestellung gefunden hat. Überlassen Sie sich dem Entspannungsgefühl, das jetzt allmählich in den Halsmuskel einfließt. Lassen Sie diesem Gefühl genügend Zeit. Nach einer Weile können Sie diese Ruhestellung nochmals überprüfen, indem Sie versuchen, durch weitere, aber winzig kleine Kopfbewegungen den toten Punkt zu finden, in dem alle Muskeln Ihres Halses gleich locker und entspannt und weich sind, wo kein Muskelstrang den Kopf stärker zu halten hat als der andere.

Entspannung des Nackens

Ziehen Sie den Kopf so weit nach vorne, daß das Kinn beinahe die Brust berührt. Durch gleichzeitiges Anspannen der Nackenmuskulatur verhindern Sie dies jedoch. Mit anderen Worten: Sie versuchen, mit nach vorne geneigtem Kopf mit aller Kraft Ihre Nackenmuskeln wieder

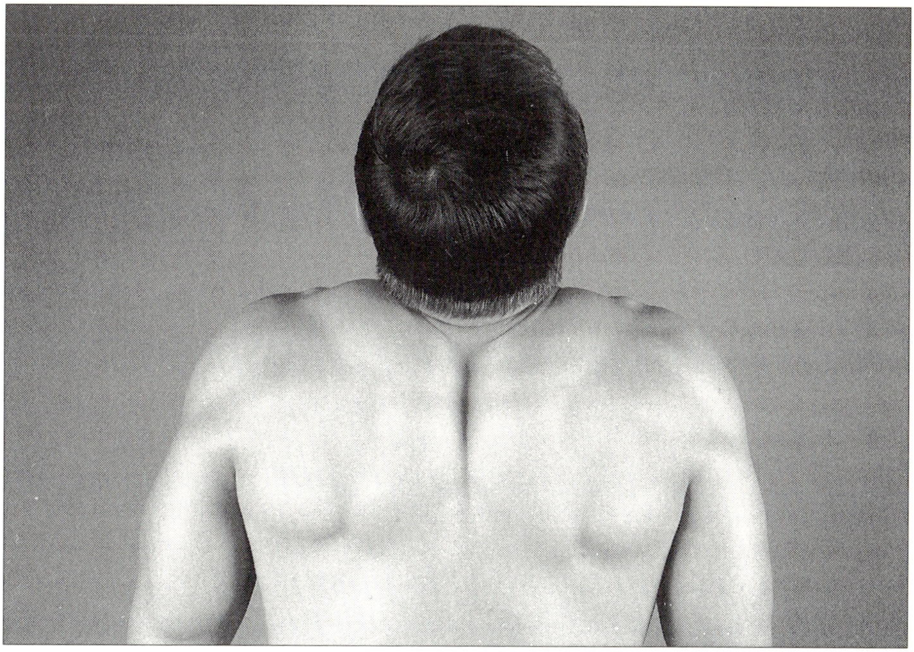

hoch- und dann nach rückwärts zu ziehen, halten ihn jedoch gleichzeitig so fest in der geneigten Stellung, daß Ihnen eine Rückwärtsbewegung trotz aller Kraftanstrengung nicht gelingt. Sie können dabei ein leichtes Zittern in den Muskeln spüren.
Zweite Möglichkeit der Anspannung der Nackenmuskeln: Sie ziehen Ihre Schultern so weit hoch, daß sie fast an Ihr Ohrläppchen anstoßen. Anschließend drücken Sie den Kopf nach hinten gegen die angehobenen Schultern so fest, wie es Ihnen möglich ist. Sollten Sie häufig unter Kopfschmerzen leiden, die sich vorwiegend über das Hinterhaupt erstrecken, so achten Sie ganz besonders darauf, daß Sie die Nackenmuskeln nicht verspannen. Bei dem geringsten Anzeichen von Schmerzen in diesem Bereich sollten Sie die Anspannung stoppen und etwas zurücknehmen, dafür aber längere Zeit anhalten. Sollten sich dennoch — auch wenn Sie ganz sorgfältig und vorsichtig vorgehen — die Ihnen bekannten Spannungskopfschmerzen einstellen, so lassen Sie diese Übung aus und gehen Sie zur Entspannung der Schultermuskeln über. Erst wenn Sie dort eine tiefe und beständige Entspannung erzielen können, lassen Sie diese Gefühle langsam nach oben in den Nacken einfließen. Bei all diesen Übungen ist eine Biofeedbackkontrolle in einem entsprechenden Labor sehr hilfreich. Behalten Sie nun bei beiden Nacken-

übungen die Spannung bei. Zählen Sie wieder von fünf bis eins: fünf, vier, drei, zwei, eins — dann folgt die Entspannung, das Loslassen, das Weichwerden der Muskeln, das Aufnehmen des Entspannungsgefühls.

Entspannung der Schultern

Jetzt ziehen Sie die Schultern so weit es geht zurück, so daß sich vielleicht die Schulterblätter auf dem Rücken berühren. Sie sollten nun in der oberen Rückenpartie und vielleicht auch in der Brust die angespannten Muskeln spüren können. Behalten Sie die Spannung bei und zählen Sie wieder von fünf bis eins: fünf, vier, drei, zwei, eins — entspannen. Vergessen Sie auch nicht das Signalwort „entspannen", das den Endpunkt der Übung bedeutet. Wichtig: Für Kopfschmerzgefährdete gilt bei Schulterübungen das schon bei der Nackenübung Gesagte. Insbesondere dann, wenn Sie die Schultern in den Nacken, also zum Hinterkopf hochziehen, sollten Sie vorsichtig vorgehen. Auch hier gilt wie immer das Prinzip: Schmerzen und alle unangenehmen Empfindungen sind auf jeden Fall zu vermeiden!

Entspannung des Rückens

Von den vielfältigen Muskelschichten des Rückens sollen zunächst nur die langen Rückenstreckmuskeln angespannt werden. Dazu drücken Sie den Rücken ganz fest durch und machen ein ausgesprochenes Hohlkreuz. Wenn Sie auf einem Bett liegen oder die Rückenlehne Ihres Sessels lang genug ist, so stemmen Sie sich mit dem Hinterkopf und dem Gesäß so fest gegen die Unterlage, daß sich Brust und Bauch so weit wie möglich von dieser Unterlage abheben. Sie können diese Übung aber genausogut aufrecht sitzend und ohne sich abzustützen durchführen. Beobachten Sie dabei die Spannung in der Wirbelsäule und der unteren Rückenpartie. Wichtig: Bei dieser Übung sollte der übrige Körper so gut wie möglich entspannt und locker sein. Falls Sie öfter unter Rük-

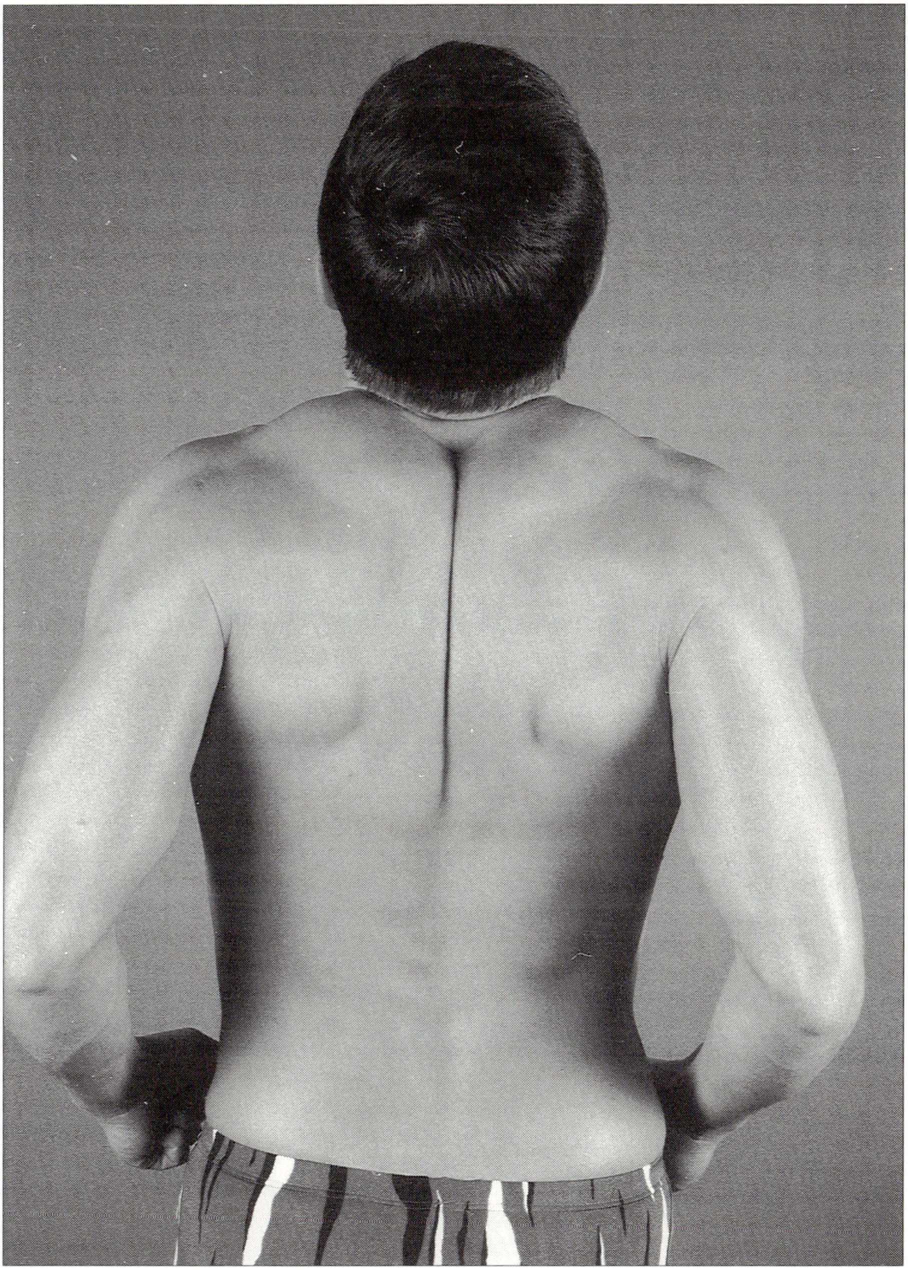

kenschmerzen zu leiden haben, sollten Sie bei dieser Anspannungsmöglichkeit des Rückens sehr langsam und achtsam vorgehen. Notfalls lassen Sie diese Übung aus und versuchen Sie, die Entspannungsgefühle aus der Schulter in den Rücken hinunterfließen zu lassen.

Entspannung der Brustmuskeln

Zur Anspannung der beiden großen Brustmuskeln winkeln Sie die Arme an und drücken in Höhe der Brust mit ganzer Kraft die offenen Handflächen gegeneinander. Wenn Sie noch zusätzlich die Schultern leicht nach vorne neigen, sollten Sie in beiden Brustmuskeln und natürlich auch in Ihren Armen starke Spannungen spüren. Erhalten Sie diese Spannung aufrecht. Zählen Sie wieder von fünf bis eins: fünf, vier, drei, zwei, eins — entspannen.

Entspannung der Bauchmuskeln

Ihre Bauchmuskeln werden am besten dadurch entspannt, daß Sie Ihren Bauch hart wie ein Brett machen. Spannen Sie die Muskeln so stark an, als wollten Sie sich selbst in den Bauch schlagen und diesen Schlag an dem Muskelpanzer abprallen lassen. Spüren Sie dabei, wie die Muskelkräfte am oberen Beckenrand und am Brustbein ansetzen und Ihre Bauchdecke flach und steif wird. Nehmen Sie zur Verbesserung der Übung am Anfang Ihre Finger und fühlen Sie, ob diese Muskeln hart und fest sind. Erhalten Sie die Spannung aufrecht, zählen Sie von fünf bis eins: fünf, vier, drei zwei, eins — entspannen. Konzentrieren Sie sich zunächst nur auf die Empfindung Ihrer Bauchdecke. Erst später, wenn sich das Entspannungsgefühl hier voll ausgebreitet hat, lassen Sie es langsam tief in den Bauch einsinken. Es sollte schließlich den ganzen Bauchraum ausfüllen, so daß Ihr ganzer Leib in eine wohlige Entspannung sinkt und sich der Rhythmus der Atmung ganz leicht und locker hebt und senkt.

Gesamtentspannung des Oberkörpers

Die Gesamtentspannung des Hals-Nackenbereiches haben wir schon beschrieben. Sie sollte separat durchgeführt werden. Bei der folgenden Übung werden deshalb nur Schultern, Brust und Bauch gleichzeitig angespannt. Zunächst fassen Sie anschließend an die Bauchübung alle Entspannungsgefühle des Oberkörpers zusammen. Ausgehend von der Bauchmuskulatur lassen Sie den Strom der Entspannung nach hinten in die Rückenmuskulatur und nach oben in die Brustmuskulatur fließen. Ihr gesamter Oberkörper soll gleichmäßig tief entspannt sein. Wenn Sie den ganzen Oberkörper auf einmal anspannen wollen, so können Sie die folgende Übung durchführen: Sie spannen an, atmen tief ein und halten die Luft an, ziehen die Schulterblätter nach hinten zusammen und machen gleichzeitig Ihren Bauch hart. Behalten Sie die Spannung bei. Während Sie nun von fünf bis eins zählen, halten Sie weiter die Luft an, allerdings nur so lange, wie es nicht unangenehm für Sie wird. Auf jeden Fall lassen Sie mit dem Ausatmen auch alle Anspannung los: fünf, vier, drei, zwei, eins — entspannen. Lassen Sie nun Ihren Atem frei und locker ein- und ausströmen. Atmen Sie ruhig und gleichmäßig, so wie es Ihr Körper verlangt. Beobachten und fühlen Sie, wie mit jedem Ausatmen immer mehr Spannung aus dem Oberkörper weicht, wie sich alle Muskeln immer mehr und mehr lockern und entspannen, weicher werden. Ihre Atmung geschieht ganz von alleine. Richten Sie nach einer Weile Ihre Aufmerksamkeit auf Ihren Bauch und beobachten Sie hier, wie die Bauchdecke sich im Rhythmus Ihres Atems langsam hebt und senkt.

Entspannung der Beine

Beim Anspannen der Beinmuskulatur ist es im allgemeinen nicht mehr nötig, daß Sie die einzelnen Muskeln für das rechte und linke Bein getrennt üben. Deshalb gelten die folgenden Übungen jeweils für beide Beine gleichzeitig. Dennoch können Sie, falls Sie es für günstig halten, die Übung für jedes Bein einzeln durchführen, sollten aber zum Schluß auf jeden Fall noch mit beiden Beinen gleichzeitig üben.

Entspannung des Gesäßes und Beckens

Pressen Sie die großen Gesäßmuskeln so stark zusammen, daß Ihr Oberkörper leicht angehoben wird. Die Spannung wird bis in die rückseitigen Oberschenkelmuskeln fühlbar sein. Sie sollte sich auch über die Beckenknochen nach vorne erstrecken und, so gut es geht, das gesamte Becken miteinbeziehen. Am wichtigsten ist jedoch die Spannung in den Gesäßmuskeln. Achten Sie wieder darauf, daß außer dem leichten Zug in den Oberschenkeln alle übrigen Muskeln des Körpers, insbesondere der Beine und Füße, ganz locker sind. Erhalten Sie diese Spannung aufrecht. Zählen Sie von fünf bis eins: fünf, vier, drei, zwei, eins — entspannen. Nun gehen Sie zum An- und Entspannen der Oberschenkel über. Gewöhnlich lassen sich die vorderen und hinteren Oberschenkelmuskeln anspannen, ohne daß die Beine irgendwie bewegt werden. Die hinteren Muskelstränge werden dabei ganz hart und die vorderen werden sich zusätzlich etwas nach oben wölben. Versuchen Sie also bei dieser Übung, die vordere und hintere Muskelgruppe beider Oberschenkel anzuspannen, die Muskeln der Unterschenkel und Füße dabei aber ganz locker zu lassen. Spannen Sie nun beide Muskeln an, behalten Sie die Spannung bei, zählen Sie von fünf bis eins: fünf, vier, drei, zwei, eins — entspannen. Nehmen Sie das Gefühl der Entspannung wieder auf, dann gehen Sie zur Entspannung der Unterschenkel und Füße über. Die Muskeln der Unterschenkel und Füße hängen eng miteinander zusammen, so daß Sie auch leicht zusammen geübt werden können.

Wenn Sie die Füße im Fußgelenk nach oben abwinkeln, so spüren Sie deutliche Spannung entlang des Schienbeins. Ziehen Sie auch noch zusätzlich die Zehen nach oben und verstärken Sie damit diese Spannung so weit es möglich ist. Dabei werden Sie auch auf dem Fußrücken die Anspannung spüren. Sollten Sie manchmal in den Wadenmuskeln Krämpfe haben, so führen Sie diese Übung sehr vorsichtig durch, um eine solche Verspannung zu vermeiden. Notfalls begnügen Sie sich mit der vorhergehenden Übung, die ebenfalls eine hinreichende Entspannung der Füße und Oberschenkel gewährleistet.

Gesamtentspannung der Beine

Zur Gesamtentspannung der Beine heben Sie diese bei durchgedrückten Knien von der Unterlage hoch. Strecken Sie die Füße im Fußgelenk und beugen Sie die Zehen, behalten Sie die Spannung bei, zählen Sie von fünf bis eins: fünf, vier, drei, zwei eins — und lösen Sie die Spannung.

Kurzentspannung

Erste Variante:
Bis jetzt sollten Sie langsam, Schritt für Schritt, alle Muskelgruppen Ihres Körpers durchgeübt haben. Am Ende größerer Abschnitte (Arme, Gesicht, Hals/Nacken, Oberkörper und Beine) wurden jeweils mehrere Muskelgruppen in einer einzigen Übung zusammengefaßt. Diese Übungen können Sie nun auch bei der sogenannten Kurzentspannung anwenden. Haben Sie bis jetzt alle einzelnen Muskelgruppen hinreichend entspannen können und oft genug geübt, so genügt es weiterhin, wenn Sie jeweils nur noch diese fünf Übungen zur Gesamtentspannung der einzelnen Bereiche durchführen.
Zweite Variante:
Hier gehen Sie einen Schritt weiter und fassen bei der Anspannung noch mehr Muskeln zusammen. Letztlich soll hier der gesamte Körper auf einmal angespannt werden. Anschließend gehen Sie mit Ihren »in-

neren Sinnen« die einzelnen Muskeln in der bekannten Reihenfolge durch, um sie durch passive Konzentration noch mehr zu lockern. Anspannen: Sie krümmen den Rücken samt dem Kopf nach vorne zu einem Halbkreis, drücken das Kinn auf die Brust, spannen die Gesichtsmuskeln wie bei der »Zitronenübung« an, drücken bei hochgezogenen Schultern die Unterarme gegen die Oberarme, ballen die Fäuste, machen die Bauchdecke hart, winkeln die Beine an und ziehen die Knie unter das Kinn. Winkeln Sie auch die Füße in den Fußgelenken ab und drücken Sie die Zehen zum Körper hin. Diese Übung ist nur in einem Bett möglich oder direkt auf dem Fußboden. Behalten Sie die Spannung bei. Während Sie die Gesamtspannung Ihres Körpers anhalten, achten Sie bewußt auf die in den einzelnen Muskelabschnitten auftretenden Gefühle der Anspannung und zählen Sie wieder von sechs bis eins: sechs, fünf, vier, drei, zwei, eins — entspannen Sie sich. Wie immer sprechen Sie auch hier das Signalwort „entspannen" ganz bewußt aus und lassen damit alle Spannungen aus dem gesamten Körper heraus. Lassen Sie sich wohlig zurücksinken und gehen Sie nun die einzelnen Abschnitte Ihres Körpers in der bekannten Reihenfolge durch, um diese mehr und mehr zu lockern und zu entspannen. Kontrollieren Sie jede Muskelspannung und lösen Sie sie willentlich auf. Diese Übung eignet sich sehr gut dafür, am Morgen vor dem Aufstehen den gesamten Kreislauf zu aktivieren, sich zu konzentrieren und die labile Phase nach dem Aufwachen zu vermeiden.

Um exakt beurteilen zu können, wie tief die jeweils geübte Muskelgruppe entspannt ist, können Sie sich eines Elektromyogramms (EMG) bedienen. Diese Geräte gibt es in jedem Biofeedback-Labor. Mit Hilfe eines solchen EMG lassen sich die elektrischen Impulse eines angespannten Muskels direkt messen. Ebenso läßt sich auch feststellen, wie weit dieser Muskel entspannt werden kann und ob noch Restspannungen zu finden sind. Mit Hilfe eines EMG können Sie Ihre Wahrnehmung schulen, um die Vorgänge in Ihrem Körper immer präziser zu erkennen. Durch Biofeedback erlernte Muskelentspannung ist die schnellste, effizienteste und vor allem auch tiefgreifendste Methode, die es derzeit auf dem Entspannungssektor gibt.

Mit den zuvor beschriebenen Übungen der Muskelan- und -entspannung besitzen Sie den Schlüssel zur Entspannung, zur Vertiefung jeder Art von Meditation und zum Angst- und Streßabbau. Nur das stetige Üben kann aus dieser Methode ein wirksames Werkzeug machen.

Warum Dehypnose?

Eine der Übungen, die mithilft, eine charismatische Ausstrahlung aufzubauen, ist die Dehypnosetechnik für die vagotonisch/rechtshirnige Persönlichkeit.
Die Neigung des rechtshirnigen Typs zum Übergewicht des parasympathischen Nervensystems ist der Schlüssel zur Hypnosefähigkeit und zum sogenannten Tagtrance-Phänomen. Von uns gemessene rechtshirnige Testpersonen neigten bei Streßtests und unter Belastung verstärkt dazu, das parasympathische Nervensystem zu aktivieren. Dieses Nervensystem wird auch dann aktiv, wenn es darum geht, bestimmte angeborene, meist aggressive Verhaltensmuster zu dämpfen und durch andere, weniger aggressive Verhaltensweisen zu ersetzen. Das heißt, für das Individuum gibt es immer mehrere Möglichkeiten, auf eine streßauslösende Gegebenheit zu reagieren, nämlich Aggressivität, Flucht und die Dämpfung durch das parasympathische Nervensystem.
Diese Dämpfung durch den Parasympathikus, das wurde uns nach und nach klar, war gleichzusetzen mit einer Tagtrance, mit einer »Leerhypnose — Selbsthypnose«. Diese neue Erkenntnis war für mich folgenschwer, denn sie besagt nichts anderes, als daß das parasympathische Nervensystem (der Vagus) der Auslöser der Hypnose war und ist. Mit anderen Worten: Der rechtshirnige Mensch ist für lange Zeit des Tages in einer Überdämpfungsphase, in einer selbst unbewußt gewählten Trance oder Leerhypnose. Menschen, die aber schon in Hypnose sind, sind natürlich schwer zu hypnotisieren. Ein Test dieser meiner Theorie war notwendig. Durch ein neues, von unserem Institut unter meiner Leitung entwickeltes Hypnoseverfahren begannen wir, mit einer speziellen Dehypnosetechnik bei rechtshirnigen Testpersonen zu arbeiten. Das Aktivieren der Person, das Umdrehen der Hirndominanz von Rechts- zur Linkshirnigkeit brachte ein Aufwachen aus der selbstgewählten Trance mit sich. In vielen Fällen genügte es schon, daß ein Ausgleich zwischen beiden Gehirnhälften geschaffen wurde. Der Unansprechbare wurde ansprechbar. Eine gezielte Aktivierung des Sympathikus und eine Umdrehung des Hirnfeldes holte die Testpersonen aus ihrer selbstgewählten Isolation. Nun war es möglich, eine normale Hypnose einzuleiten und positive Suggestionen zu geben. Ein Lebensphänomen wurde somit der Lösung nähergebracht. Selbsthypnose, ein

notwendiges Phänomen, um bei Streß, in großen Menschenansammlungen, in Straßenbahnen, in Verkehrsstaus, an streßauslösenden, unangenehmen Arbeits- und Wohnstätten zu überleben, ist ein Prozeß der rechten Hirnhälfte, des parasympathischen Nervensystems. Hier öffnete sich für uns eine neue Möglichkeit und eine neue Sichtweise des Menschen. Viele rechtshirnige Testpersonen waren erstaunt, denn sie, die sie oft schon Kontakt mit Meditation und ähnlichen Verfahren gehabt hatten, sie, die sie Hypnoseeinleitungen und geführte Meditationen liebten, aber zumeist nie tiefer damit kamen, sie, die sich mit spirituellen Dingen auseinandersetzten, sie waren bis zu diesem Augenblick nicht oder nur schwer tief zu hypnotisieren gewesen. Zudem wurde ihnen nachher noch von uns erklärt, daß sich der Rechtshirnige einen Großteil des Tages ohnehin schon in einer Selbsthypnose befinde und eine Dehypnose nötig habe, ein Verändern der Hirndominanz, um dann in eine neue, bewußt gewollte Hypnose gleiten zu können, aber vor allem, um sich vor der Überdämpfung, vor der Tagtrance zu schützen.

Der Linkshirnige hingegen, der sich oft zum ersten Mal mit dem Phänomen Hypnose, Trance, Meditation beschäftigt, der diesen Dingen mit Skepsis gegenübersteht, der war und ist leicht zu hypnotisieren. Kaum führt man ihn mittels Suggestion (verbal oder nonverbal) aus seiner ihm bekannten Umgebung, aus seiner für ihn Sicherheit verheißenden linken Hirnhälfte in die Abgründe der rechten Hirnhälfte — wo es keine Regeln, keine Ordnung gibt, auf die er sich nun stützen kann —, schon gleitet er in die Hypnose. Allein der Wechsel von links nach rechts macht es möglich.

Die Nutzung eines angeborenen Phänomens, das zum Überleben notwendig erscheint, bietet sich also an. Beide Hirntypen, ja jeder Mensch und auch jedes Tier besitzen diesen angeborenen Schutzmechanismus: die Leerhypnose oder Tagtrance. Beide Typen verwenden ihn dafür, Ängste, gegen die man nicht ankämpfen kann, vor denen man nicht flüchten kann, abzublocken, Angstsymptome abzudämpfen, um psychisch so gut wie möglich zu überleben — durch eine Anpassung mittels Trance.

Der Linkshirnige setzt diesen Abdämpfungsmechanismus aber viel seltener ein als der Rechtshirnige, der viel stärker unter Ängsten und angstähnlichen Gefühlen leidet. Der Linkshirnige reagiert dagegen häufiger mit Aggression und Flucht. Auch mit der Flucht aus einer unhaltbaren Situation. Der Rechtshirnige aber neigt dazu, in der

Situation zu verharren, ähnlich der vom Flötenspieler hypnotisierten Schlange.
Der rechtshirnige Typ ist im Zustand der Tagtrance offen für negative, aber auch für positive Suggestionen. Vieles wird durch diese Tagtrancezustände verstärkt; Depressionen und negative Gefühle werden aufgeschaukelt. Dies allein zeigt schon, daß es in solchen Fällen unumgänglich ist, das Hirnfeld zu verändern, sich aus den Tagtrancezuständen zu erwecken, zu dehypnotisieren.

Dehypnosetechnik für die Praxis

Das folgende Verfahren ist auch als »natürliches Antidepressivum« einsetzbar: Das dosierte Aktivieren des Sympathikus, der linken Hirnhälfte, wird bei dieser Heim-Dehypnosetechnik mittels genau berechneter körperlicher Ausdauerbelastung erreicht, also mittels eines bestimmten Grades der Anstrengung, wodurch die körpereigenen Morphine (Endorphine) auf etwa das Vierfache des Normalspiegels erhöht werden.
Das dosierte Aktivieren des Sympathikus bringt somit auch den bedeutenden Nebeneffekt eines körpereigenen Schmerzmittels, da Endorphine die Schmerzwahrnehmung dämpfen. Besonders wirksam ist das dosierte Ausdauertraining jedoch für gezielten Streßabbau.
Doch nicht jede Art von Bewegung bringt das gewünschte Resultat. Als Voraussetzung für die richtige Aktivierung des Sympathikus und das gezielte Ansteigen der Endorphine müssen Sie ein bestimmtes Belastungsniveau über mindestens 15 bis 20 Minuten beibehalten. Das Training an Sportgeräten, an Kraftmaschinen erfüllt diese Voraussetzungen, Gymnastikübungen jedoch nicht.
Nur Sportarten, die vor allem Ihr Herz und den Stoffwechsel ankurbeln und trainieren, sind für dieses Verfahren geeignet. Vor allem Radfahren, Joggen, schnelles Gehen, intensives Schwimmen und Rudern sind hier zu nennen. Das Training im Freien ist jenem in geschlossenen Räumen vorzuziehen. Am einfachsten ist dieses Training zu Hause auf einem Heimtrainerfahrrad oder einer Rudermaschine durchzuführen. Der Vorteil dabei ist, daß Sie die Belastung am besten steuern können.
Das Wichtigste bei diesem Sympathikustraining ist die Einhaltung des

dafür notwendigen, fast linearen, gleichmäßigen Belastungsgrades. Durch die Überwachung Ihrer Pulsschlagfrequenz können Sie diese Linearität gewährleisten. Dazu müssen Sie Ihren Puls während des Trainings einige Male mit der Hand messen oder, noch einfacher, durch einen Pulsfrequenzzähler, der oft schon am Sportgerät angebracht ist — er nimmt die Pulsfrequenz mittels Ohrclips ab und zeigt Ihnen kontinuierlich die aktuelle Herzschlagfrequenz an.
Für das richtige Training ist eine bestimmte Pulsfrequenz nötig, die Sie anhand der nachstehenden Formel für Ihr Lebensalter und Ihre Körperform leicht berechnen können.

Die richtige Pulsfrequenz: 220 minus Lebensalter mal 0,8

Sie nehmen also den Wert 220, ziehen davon Ihr Lebensalter ab und multiplizieren das Ergebnis mit 0,8. Falls Sie stark über- oder untergewichtig sind, ziehen Sie 6 Schläge ab. Dieser Wert ist für das Training auf einem Heimfahrrad berechnet, er gilt aber auch für Radfahren im Freien und für Rudern. Beim Joggen müssen Sie 15 Schläge dazuzählen, für Schwimmen 10 Schläge abziehen.
Befragen Sie auch vor Anwendung dieses Trainings den Arzt Ihres Vertrauens.

Beispiel: Bei einem 50jährigen Normalgewichtigen würde der Puls so berechnet werden:

$$(220-50) \times 0{,}8 = 136$$

Um den gewünschten Effekt zu erzielen, müßte er mindestens 15 Minuten folgende Pulsfrequenz haben:

Sportart	*Pulsfrequenz*
Rad-Heimtraining	136 Herzschläge/Min.
Schwimmen	126 Herzschläge/Min.
Joggen	151 Herzschläge/Min.

Bei all diesen Angaben gilt eine Toleranz von plus oder minus 5 Pulsschlägen.

Schulen Sie Ihren Blick

Auch das ist eine Übung, um die rechte Gehirnhälfte richtig einzusetzen.

Kleben Sie den kopierten Fixationspunkt aus dem Buch (siehe unten) auf eine Wand, so daß Sie den Punkt gut mit den Augen fixieren können. Setzen Sie sich hin, entspannen Sie sich, bleiben Sie locker und atmen Sie ruhig und gleichmäßig.

Schauen Sie nun ohne zu zwinkern auf den Fixationspunkt, lassen Sie den Blick nicht abschwenken, sondern konzentrieren Sie sich auf den Punkt. Atmen Sie dabei ruhig und gleichmäßig und schließen Sie die Augen nicht, auch wenn sie beim Üben zu brennen beginnen. Beginnen Sie diese Übung mit fünf Minuten und stellen Sie sich zur Kontrolle einen Wecker. Steigern Sie die Übungszeit auf mindestens 30 Minuten, ohne den Blick abzuwenden.

Sollten Sie die Augen doch einmal schließen müssen, so tun Sie dies, und dann konzentrieren Sie sich weiter. So wird Ihr Blick fest. Danach sollten Sie üben, in Ihr eigenes Spiegelbild zu schauen. Fixieren Sie Ihr eigenes rechtes Auge über längere Zeit. Bleiben Sie dabei aber hellwach, immer im Hier und Jetzt. Wenn Sie diese Übung mehr als eine Woche erfolgreich durchgeführt haben, so hat sich Ihr Blick schon verändert, gefestigt. Schauen Sie von nun an Ihren Mitmenschen auch in die Augen, nicht allzu starr, das könnte Ihrem Gegenüber unangenehm

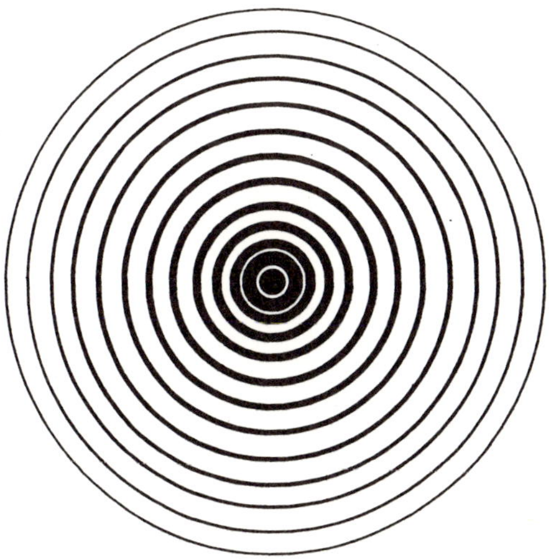

sein und ihn irritieren. Üben Sie bei jeder Gelegenheit den festen und bewußten Blick. Bleiben Sie dabei im Hier und Jetzt. Senken Sie niemals den Blick, das würde einen Rückzug und ein neuerliches In-sich-Gehen bedeuten. Ein gesenkter Blick läßt Sie leicht in eine Tagtrance gleiten, bleiben Sie hier. Auch diese Übung ist eine Dehypnose-Übung. Eine Übung, die als Konfrontation mit der Wirklichkeit bezeichnet werden könnte.

Erfolgstraining

Nach dem Training der rechten Gehirnhälfte sollten Sie ihr und sich ein Ziel setzen. Erst dann entfaltet sich Ihre persönliche Ausstrahlung richtig, und Sie verhindern so das Abgleiten in destruktive Gemütszustände.

Können Sie wollen?

»Glück ist eine andere Bezeichnung für Willensstärke.«
Ralph Waldo Emerson

Jedermann glaubt es von sich, aber nur die wenigsten beherrschen ihren Willen wirklich. Verstand und Gedächtnis müssen geschult werden, will man Höheres erreichen. Dies scheint logisch und verständlich. Mit der Schulung des Willens aber glaubt jeder schon fertig zu sein. Nun kann man aber, um wirklichen Erfolg mit seinen Wünschen und Zielen zu haben, seinen Willen wie einen Muskel trainieren. Erst Willensbildung bringt den Verstand und das Gedächtnis zur Reife. Das Wissen ist also eine Folge des Willens, nicht umgekehrt.
Und: Wille ist Macht, und das schwerste Hemmnis im Leben ist Willensschwäche.
Bedenken Sie, daß schon ein einziger Gedanke genügt, Tränen auszulösen, das Blut in den Kopf zu treiben oder jemanden erbleichen zu lassen. Ein einziger Gedanke verändert das Mienenspiel des Menschen, verspannt dessen Gesichtsmuskeln oder läßt sie erschlaffen; ein Gedanke kann auch genügen, um einen Menschen zu töten. Wie viele sind schon einem Herzschlag zum Opfer gefallen, ausgelöst durch eine Hiobsbotschaft oder durch andere extrem starke Eindrücke.
Jeder Gedanke hat — je nach den damit einhergehenden Gefühlen — mehr oder weniger starke Reaktionen zur Folge, die dem heutigen Menschen in den meisten Fällen jedoch kaum noch bewußt werden.
Jeder Erfolg, der von Dauer sein soll, hängt letzten Endes vom Einsatz und der Intensität des Willens ab; jede Handlung wird in ihrer Kraft und Wirkung erhöht, wenn sie mit der entsprechenden Willenskraft

verbunden ist. Nehmen wir als Beispiel die Großen dieser Erde: allesamt, ohne Ausnahme, besaßen und besitzen sie einen starken und ausgeprägten Willen. Der Mensch kann alles erreichen, was er will, wenn er nur — wollen kann.
Nehmen wir ein Beispiel: Einige Gramm Metall, in der richtigen Form, stellen einen Schlüssel dar, der — in das passende Schlüsselloch gesteckt — imstande ist, eine Panzertür zu öffnen. Ebenso sind Gedanken in der Lage, dem einzelnen Türen zu öffnen, die vorher fest verschlossen waren. Türen, die zu allen geistigen und materiellen Schätzen führen, die man sich nur vorstellen kann. Es liegt an jedem einzelnen zu entscheiden, wann er von diesem Schlüssel Gebrauch machen will. Jetzt, morgen, nächste Woche, irgendwann, niemals?
Bedenken Sie: Wer sich treiben läßt, bewegt sich zwar — aber er kommt nicht voran.

Ausformulieren der Ziele

Programmieren Sie Ihr Unterbewußtsein auf Erfolg, die folgenden Anregungen helfen Ihnen dabei.

1. Definieren Sie Ihre Wünsche

Vermeiden Sie allgemeine, verschwommene Begriffe. Haben Sie sich als Ziel »Geld« gesetzt, so wäre es besser, statt dessen vielleicht »200.000,— Jahreseinkommen« als Formulierung zu nehmen. Sprechen Sie nicht von »Prestige« als Ziel, sondern definieren Sie genau, etwa durch Einsetzen des Titels, den Sie erlangen möchten: »Vizepräsident«, oder wie immer die ansehnliche Position, die Sie erlangen möchten, auch heißen mag.
Denken Sie nicht einfach an »Ehe«, sondern definieren Sie »Ehemann (oder -frau) und zwei Kinder«.
Wünschen Sie sich statt einer charakterlichen Verbesserung lieber die genauen Eigenschaften wie Humor, Selbstvertrauen, oder was immer Sie erreichen wollen.

2. Suchen Sie sich zehn ganz verschiedene Dinge aus

Es klingt sonderbar, aber zehn völlig verschiedene Dinge aus einer Vielzahl von Möglichkeiten auszuwählen, ist nicht einfach. Sie sollten diese Anstrengung aber auf sich nehmen und nicht etwa fünf Paar Schuhe (die untereinander durchaus verschieden sein können) schon als fünf Dinge in die Liste der zehn aufnehmen. Auch eine zehnbändige Enzyklopädie sollte in Ihrer Liste nur einen Punkt ausmachen.

3. Achten Sie darauf, daß Ihre Wünsche nicht widersprüchlich sind

Man kann im Leben nicht alles tun — zumindest nicht alles gleichzeitig. Man kann nicht gleichzeitig Archäologe und Nachtklub-Star sein. Man kann nicht dauernd reisen und zur selben Zeit die Freuden des eigenen Gartens genießen wollen. Mönch und Millionär passen auch schlecht zusammen. Man kann nicht ein bequemes Leben führen wollen und gleichzeitig einen aufreibenden Beruf als Sänger, Rechtsanwalt, Journalist oder Politiker ausüben. Kurzum: Man kann nicht gleichzeitig in zwei verschiedene Richtungen gehen. Achten Sie darauf, derartige Widersprüche zu vermeiden. Wenn Sie sich nicht für eine von zwei Möglichkeiten entscheiden können, streichen Sie beide von Ihrer Liste und ersetzen Sie sie durch andere, über die Sie sich im klaren sind.

4. Führen Sie keine Dinge in Ihrer Liste an, für die Sie sich zufällig gerade interessieren

Halten Sie nur Wünsche fest, deren Realisierung Sie so stark ersehnen, daß Sie sich auch entsprechend dafür einsetzen wollen.

5. Stecken Sie Ihre Ziele nicht zu weit

Es ist unmöglich, Arzt zu werden, ohne die entsprechende Ausbildung an einer Universität genossen zu haben. Sie können kaum damit rechnen, über Nacht ein erfolgreicher Manager im Wirtschaftsleben zu werden, wenn Sie nicht vorher gelernt haben, mehr aus Ihrem jetzigen Arbeitsplatz zu machen oder mit Ihren Finanzen klug hauszuhalten. Bevor Sie Bürgermeister Ihrer Stadt werden wollen, nehmen Sie sich vor, ein überzeugender und damit publikumswirksamer Redner zu werden.

6. Verfolgen Sie keine Wünsche, die andere verletzen oder schädigen!

Jeder Wunsch kann erfüllt werden, aber man darf dadurch andere Menschen nicht verletzen. Versuche, anderen zu schaden oder Unrecht zu tun, können sich als Bumerang erweisen.

7. Jeder Wunsch sollte konstruktiv formuliert sein

Das heißt: klar das angestrebte Ziel, die gewünschte Fähigkeit und die erhofften Lebensbedingungen abstecken. Vermeiden Sie, alte Ziele und Gewohnheiten oder Bedingungen zu erwähnen, die Sie aufgeben und ablegen möchten. Wünschen Sie sich beispielsweise nicht: »Ich möchte meine Launen besser beherrschen.« Im Prinzip ein guter Wunsch, nur schlecht formuliert. Jedes Mal nämlich, wenn Sie über Ihre Launen sprechen, schreiben oder einfach nur daran denken, bestätigen Sie sich aufs neue, daß Sie launisch sind. Wünschen Sie sich statt dessen, daß Sie ein angenehmes, fröhliches Wesen anstreben.
In diesem Zusammenhang ist auch wichtig, daß die Formulierung »Ich strebe an« ungleich konstruktiver und stärker ist als »Ich will«, »Ich brauche« oder »Ich möchte gerne«.
Kleiden Sie Ihre Wünsche in Worte, die ausdrücken, daß sie in Erfüllung gehen werden. Und denken Sie daran: Wer sein Leben nicht selbst gestaltet, dem wird es von anderen oder von den Umständen verunstaltet.

Zieldetaillierung

— Beginnen Sie mit jenem Ziel, das den raschesten und sichersten Erfolg verspricht.
— Denken Sie über Ihr Ziel nach, beschreiben und definieren Sie es ganz detailliert und formulieren Sie — wenn nötig — Teilziele.
— Seien Sie so präzise wie möglich, wählen Sie eine plastische Sprache, zum Beispiel: »Bis Ende August sechs Kilo weniger — schlank wie Erika.«

Am Beispiel »Neue Wohnung«

1. Gewünschte Lage (In welchem Stadtteil? In welcher Stadt? In welchem Teil des Landes?)
2. Art der Wohnung (Appartement, Bungalow, Reihenhaus, Doppelhaus, Wohnwagen?)
3. Anzahl und Größe der Zimmer (dabei sollte jeder Raum als eigener Punkt beschrieben werden)
4. Außenanstrich und Verarbeitung (zum Beispiel Grobputz usw.)
5. Anstrich der Innenwände (Tapeten, Malerei etc.)
6. Holzverarbeitung in den Räumen
7. Bodenbeschaffenheit (jedes Zimmer extra anführen)
8. Art der Heizung
9. Zusätzliche Heizung (zum Beispiel Kamin)
10. Geplante Einrichtung (jedes Zimmer einzeln anführen)
11. Garten (wenn ja, Beschreibung: Rasen, Bäume, Sträucher usw.)
12. Kauf oder Miete (wenn Kauf, nähere Beschreibung der Kaufbedingungen)
13. Voraussichtlicher Einzugstermin

Diese Liste stellt nur eine Anleitung dar und kann nach Gutdünken durch eigene, wichtig erscheinende Fragen ergänzt werden.

Am Beispiel »Ehemann«

1. Alter (5 Jahre Spielraum)
2. Größe
3. Gewicht
4. Familie, Herkunft
5. Haarfarbe und -länge
6. Augenfarbe
7. Aussehen (zum Beispiel gutaussehend, durchschnittliches Aussehen, Aussehen nicht entscheidend)
8. Religion, religiöse Einstellung (fromm, konfessionslos, gleichgültig)
9. Beruf
10. Einkommen
11. Bildungsgrad
12. Raucher (wenn ja, wie stark)
13. Trinker (wenn ja, wie stark)
14. Milieu
15. Temperament, Charakter (gesellig, reserviert, dynamisch, unterwürfig)
16. Bevorzugte Interessen (Tanzen, Musik, Kino, Reisen, Lesen, Sport — welcher?)
17. Einstellung zum Geld
18. Geschlechtliche Einstellung
19. Kinderwunsch (wenn ja, wie viele)
20. Lieblingsfarben
21. Ziele

Die Kraft der Gedanken

Jede Vorstellung, jeder Gedanke birgt die Möglichkeit der Verwirklichung in sich. Sobald Sie einen Gedanken gedacht haben, bildhaft genug, daß Sie ihn vor sich sehen können, beginnt er sich in Ihrem Unterbewußtsein selbständig zu machen und auf seine Verwirklichung hinzuarbeiten (Eigendynamik). Stellen Sie sich einen Wagen vor, der von vier Pferden gezogen wird, wobei aber jedes Pferd in eine andere Richtung zieht. Was geschieht? Die Kräfte heben einander auf! Der Wagen

bleibt stehen oder bewegt sich langsam in die Richtung, in die die stärkste Kraft zieht. Die Pferde sind unsere Triebkräfte, unsere Wünsche, und der Wagen — das sind Sie selbst.
Die meisten Menschen kommen vorwärts wie ein Auto mit angezogener Handbremse. Bisher haben sie sich zwar bewegt, aber nicht aus zielgerichteter Absicht, sondern weil sie getrieben worden sind.
Wer sich treiben läßt, bewegt sich zwar, aber er kommt nicht voran.
Wer einen Gedanken aussät, erntet morgen die Tat, übermorgen die Gewohnheit, danach den Charakter und endlich sein Schicksal. Darum sollten Sie bedenken, daß Sie Ihr Schicksal formen, und zwar HEUTE!

Zielverwirklichung

— Ihr Unterbewußtsein macht sich Ihr Ziel zu eigen und arbeitet für Sie.
— Ihre Aufmerksamkeit wird für Ihre Ziele geschärft.
— Achten Sie auf plötzliche Eingebungen und Gedankenblitze. Notieren Sie sie sofort.
— Achten Sie auf scheinbar nebensächliche Bemerkungen, die Ihnen vielleicht vorerst gar nicht so auffallen. Ihr Unterbewußtsein hat Ihre Aufmerksamkeit nicht umsonst darauf gelenkt!
— Gehen Sie vor dem Einschlafen Ihr Ziel noch einmal durch.
— Achten Sie auf Ihre Träume; oft stellen sich Lösungsmöglichkeiten im Traum dar.
— Reduzieren Sie Ihr Ziel auf einen kurzen Satz, ähnlich einem Werbeslogan.
— Machen Sie sich ein einprägsames Bild von Ihrem Ziel (Zeichen oder Formen!).
— Rhythmische Sprache und unterlegte Melodien sind besonders wirksam zur Einprägung.
— Von nun an genügt es, den Slogan zu wiederholen, und unter Umständen können Sie bereits mit der Detaillierung des nächsten Zieles beginnen.
— Ihre Beschäftigung mit Ihrem Ziel ruft Resonanz im kollektiven Unterbewußtsein hervor. Sie können so mit Hilfe aus vielleicht unerwarteter Richtung rechnen.

Ideenverarbeitung

»Das, was jemand von sich denkt, bestimmt sein Schicksal.«

Mark Twain

»TU ES GLEICH!«

Üben Sie diesen Leitspruch an kleinen Dingen, und Sie werden mit seiner Hilfe später auch große Aufgaben zügig erledigen können!

— Sammeln Sie die Ideen, die nicht sofort realisiert werden können, in Ihrem Notizblock, ordnen Sie sie nach Sachgebieten und schaffen Sie rasch die Voraussetzung für die Realisierung.
— Gehen Sie Ihr schriftliches Ideenreservoir regelmäßig durch, lassen Sie sich davon anregen, stellen Sie Querverbindungen her.
— Managen Sie konkurrierende Ideen mit Entscheidungstabellen.

Allgemeine Hinweise

— Sie dürfen ruhig von Ihrem Erfolg hundertprozentig überzeugt sein.
— Sprechen Sie nicht über Ihre Ziele. Kritik oder Mißgunst Ihrer Umwelt könnten Ihre Entschlußkraft beeinträchtigen.
— Tragen Sie immer ein Notizbuch und ein Schreibgerät bei sich.
— Schreiben Sie sorgfältig, sauber und klar. Ihre Schreibweise ist ein Spiegelbild Ihrer Gedanken und wirkt auf diese zurück.
— Denken Sie an die Bedeutung der Selbstbelohnung. Ermutigen Sie Ihr Unterbewußtes durch Anerkennung — Ihre Kreativität wird sich merklich verbessern.
— Ziele können sich ändern; das ist menschlich und völlig normal. Streichen Sie Ziele, die Sie nicht mehr anstreben.
— Üben Sie entspannt und in froher Stimmung. Verkrampfung und verbissener Einsatz sind hinderlich.

Beim Lernen ist es wie beim Rudern gegen den Strom: Sobald man aufhört, wird man zurückgetrieben.

Positives Denken

Positive Geisteshaltung ist die wichtigste Erfolgsregel. Vermeiden Sie unter allen Umständen deprimierende Gedanken wie jene an Sorgen, Krankheit, Armut etc. Bürden Sie sich nicht das Leid der Welt auf. Weichen Sie anfänglich so weit wie möglich negativen Nachrichten (Flugzeugabstürze, Verbrechen, Katastrophen usw.) aus.
Durchforsten Sie Ihren Sprachschatz nach unbedachten negativen Äußerungen und eliminieren Sie diese. Finden Sie positive Formulierungen für folgende Beispiele solcher unbedachter Feststellungen:
»Es geht mir schlecht.«
»Niemand beachtet mich.«
»Das kann ich mir nicht leisten.«
»Ich bin in Schwierigkeiten.«
»Meine Ehe ist schlecht.«
»Mein Geld reicht nicht.«
»Mein Partner versteht mich nicht.«
»Ich kann abends nicht einschlafen.«
»Ich bin krank.«
»Es zieht, morgen habe ich bestimmt eine Erkältung.«
»Mein Leben ist sinnlos und leer.«
»Ich sehe heute schlecht aus.«
»Das Wetter deprimiert mich.«
»Ich bin nervös.«
»Ich kann mir nichts merken.«
»Das schaffe ich nie.«

Ab sofort denken Sie nur noch positiv und sprechen nur noch positiv und gut über Ihre Mitmenschen.

Zielbearbeitung

Stellen Sie sich möglichst oft vor, daß Sie das Ziel, das Sie anstreben, schon erreicht haben. Freuen Sie sich darüber, seien Sie zuversichtlich, lächeln Sie dabei. Je plastischer und lebendiger Ihre Vorstellung ist, desto besser.

Lesen Sie Ihr Ziel täglich einige Male und schreiben Sie es zumindest einmal am Tag neu. Präzisieren und verbessern Sie das Ziel, wann immer Sie es für richtig halten.

Achten Sie auf Erfolge und belohnen Sie sich sofort dafür (zum Beispiel »Das habe ich gut gemacht!«).

Kommunikationsregeln

— Sprechen Sie nie über Ihren Kummer — Sie fallen sonst selbst guten Freunden lästig.
— Sagen Sie grundsätzlich nur Gutes über Ihre Mitmenschen.
— Loben Sie großzügig! Loben Sie vor allem Eigenschaften, die Sie verstärken möchten.
— Seien sie hilfsbereit, geben Sie Erfahrungen weiter.
— Sehen Sie Ihrem Partner beim Sprechen unbedingt in die Augen (siehe Blickübung Seite 121).
— Wecken Sie das Interesse des Gesprächspartners. Was und wie Sie es sagen, muß für den anderen interessant sein.
— Achten Sie auf Ihre äußere Erscheinung.
— Sprechen Sie ruhig und überlegt, ohne Ärger oder Ungeduld.
— Trennen Sie sich von negativen Menschen, die Sie nur behindern.

Bedenken Sie: Es gibt kein besseres Mittel, um große Vorsätze zu vereiteln, als viel von ihnen zu sprechen.

Die Sprache als Werkzeug und Kommunikationsmittel ist ein so gewaltiges Instrument, daß es den Menschen natürlich auch dazu befähigt, seine eigenen Ziele wirkungsvoller und sicherer durchzusetzen — und somit andere zu manipulieren. Es würde den Rahmen dieses Buches sprengen, hier näher auf die Manipulationsmöglichkeiten durch die richtige Wortwahl, gezielte Argumentation und die Grundsätze der Gesprächsführung einzugehen. Interessierten Lesern seien hier die Bücher *Therapie in Trance* und *Struktur der Magie,* Band I und II, von John Grinder und Richard Bandler (Klett- Cotta Verlag) sowie *Manipulation durch Sprache* von Winfried Prost (Heyne Verlag) empfohlen.

Keine Ausreden — keine negative Geisteshaltung

Um ein altes Haus auf einem Grundstück durch ein neues zu ersetzen, muß man zuerst das alte abreißen. Ähnliches muß in Ihrer Geisteswelt geschehen, wenn Sie das Bild der Armut durch das Bild des Wohlstandes ersetzen wollen. Dazu ist es zunächst absolut vorrangig, alle Ausreden für Armut, Depression, Erfolglosigkeit und dergleichen abzuschütteln. Eine Ausrede, die in Ihrem Geist verankert ist und des öfteren laut gesprochen wird, wird zum zwingenden Grund für Ihr Problem:
»Ich hatte die Möglichkeit nie.«
»Meine Bildung reicht nicht aus.«
»Ich bin nicht klug genug.«
»Meine Familie behindert mich.«
»Ich habe nicht genug Zeit.«
»Ich bin ein Pechvogel.«
»Ich bin zu alt.«
»Meine Gesundheit ist schlecht.«
Diese Liste bedarf keiner Fortsetzung. Sicher haben Sie schon vieles davon in Ihrer nächsten Umgebung gehört oder verwenden sogar selbst manches davon. Wenn man Ausreden sucht und vorbringt, so ist das nicht nur ein Zeichen von Mißerfolg, sondern einer der Gründe dafür. Niemand, der irgendeine Situation gemeistert hat — Erfolg gehabt hat —, wird das durch Ausreden zu begründen versuchen. Warum? Jedesmal, wenn Sie eine Ausrede vorbringen, finden oder erfinden Sie einen Grund, weshalb Sie Mißerfolg haben werden. Je mehr Entschuldigungen Sie finden und erfinden und je öfter Sie sie zur Hilfe nehmen, desto überzeugter werden Sie, daß das Ziel, dem Sie zustreben, außerhalb Ihrer Reichweite liegt. Denken Sie daran, daß sich ein oft wiederholter Gedanke letztendlich verwirklicht.

Jeder, der in seinem Leben etwas erreichen will, muß etwas dafür tun — und zuerst muß er einmal daran glauben.
Blättert man in den Biographien berühmter Leute, so kann man — wenn man zwischen den Zeilen liest — nur staunen über tatsächliche Gründe, die für sie zum Mißerfolg geführt hätten, wenn sie dies zugelassen hätten:
Demosthenes z. B. stotterte, wurde aber zu einem der größten Redner Griechenlands. Epiktet, ein Sklave, gründete eine Philosophenschule. Robert Burns, ein Pflüger und Trunkenbold, schrieb unvergeßliche Gedichte. Napoleon Bonaparte wurde an der Militärakademie als Dummkopf angesehen. Andrew Carnegie begann sein Leben als einfacher Arbeiter. John D. Rockefeller war ursprünglich Bauer. Dostojewski war Epileptiker. Der Blödelkönig Otto war früher Sortierer in einer Schokoladenfabrik. Aristoteles Onassis verdiente sich sein Brot als Tellerwäscher, bevor er Reeder und Millionär wurde. Elvis Presley war vor seiner Traumkarriere Fernfahrer. Abraham Lincoln schlitterte als Geschäftsmann von einer Pleite in die andere. Henri Toulouse-Lautrec war verkrüppelt. Helen Keller war blind und taub.
All diese Leute hätten Gründe genug gehabt, Mißerfolg zu entschuldigen, statt dessen aber haben sie Wege gefunden, die zum Erfolg führten.

Regeln für die formelhafte Vorsatzbildung

Die formelhafte Vorsatzbildung macht einen Teil des autogenen Trainings aus und bedeutet nichts anderes, als daß Sie sich in entspanntem Zustand gewisse klar formulierte Ziele suggerieren.
Wenn möglich, sollten Sie nur eine Formel verwenden, maximal zwei im Laufe einer Periode der Selbstbeeinflussung. Die Vorsätze sind so kurz wie möglich zu formulieren.
Sehr wichtig dabei ist, daß die Formeln nicht widersinnig sind — z. B. wäre für jemanden, der sehr ungern Auto fährt, die Formel »Autofahren ist wunderschön« unangebracht, sie sollte sich vielmehr der Realität anpassen: »Autofahren ist zweckmäßig.«
Auch soll die Formel dem Sprachempfinden des Trainierenden entgegenkommen.

Stoffe zur Förderung von Intelligenz, Wohlbefinden und Gesundheit

Bedenken Sie: Wie Sie Ihr Gehirn ernähren so arbeitet es auch. Hier möchte ich einige »intelligenzsteigernde« und gesundheitsfördernde Substanzen und Vitalstoffe vorstellen, die Ihnen helfen sollen, auch chemisch alles dafür zu tun, daß Ihr Gehirn zielsicher arbeitet und Ihre Persönlichkeit nicht durch Mangelerscheinungen eingeschränkt wird.

Cholin

Cholin wird zumeist nicht als Vitamin betrachtet, da es vom Organismus aus Methionin, Folsäure und Vitamin B 12 selbst aufgebaut werden kann. Unser Cholinbedarf ist ziemlich groß, und unser Körper benötigt große Mengen von Methionin zum Proteinaufbau und zur Entgiftung. Daher ist es besser, dem Körper Cholin zuzuführen und nicht zuviel Methionin für die eigene Cholinerzeugung zu verlieren. Dies ist leicht möglich durch die Gabe von Soja-Lezithin, das reich an Cholin ist. Aus Cholin stellt unser Organismus Acetylcholin her, das für eine ausgezeichnete Hirnfunktion unentbehrlich ist. Besonders wichtig ist Cholin für ein gut funktionierendes Gedächtnis.

Coenzym q

Coenzym q ist eine vitaminähnliche Substanz. Man findet es besonders reichhaltig in Sojaöl und Sardinen. Es wirkt sich vor allem auf den Energiehaushalt aus, hat eine positive Wirkung auf unser Immunsystem und zeigt einen gerontologischen Effekt, was vorsichtig ausgedrückt bedeutet, daß es einen lebensverlängernden Wirkstoff enthält.

Folsäure

Folsäure ist in Gemüse und Obst enthalten. Folsäuremangel ist für Traurigkeit und Depressionen mitverantwortlich. Anstatt in eine Apotheke zu gehen und Antidepressiva zu kaufen, sollte man versuchen, das Stimmungstief lieber durch frisches, roh gegessenes Obst und Gemüse auszugleichen. Rohkost und das Training der linken Gehirnhälfte (siehe Seite 119) hat schon vielen depressiven Menschen geholfen.

Ginkgo Biloba

Auszüge aus den Blättern des Ginkgobaumes zählen zu den wirksamsten Mitteln zur Anregung der Gehirnfunktionen. Das breitflächige Wirkungsspektrum des Ginkgoextraktes möchte ich hier kurz umreißen: Es verbessert beispielsweise die Sauerstoffausnutzung im Gehirn und wirkt gegen schädliche Radikalbildung; es erhöht die Fließeigenschaften des Blutes und ermöglicht daher eine reibungslose Versorgung des Gehirns mit Nährstoffen und Sauerstoff. In der orthomolekularen Medizin weiß man, daß im lebenden Organismus ständig freie Radikale gebildet werden (Ermüdungsstoffe, Übersäuerung durch falsche Lebensweise). So entstehen Kettenreaktionen vor allem in den Zellmembranen, die mehrfach ungesättigte Fettsäuren enthalten, wodurch es zu einer Funktionsminderung an der Zellmembran kommt. Ginkgo wirkt der Bildung der Radikale und damit dem Funktionsverlust der Zellmembran entgegen. An der Universität Würzburg wurde die Wirkungsweise von Ginkgo Biloba im Hinblick auf die Alzheimer-Krankheit untersucht. Die Versuche ergaben eine Veränderung der Gehirnwellen in Richtung Alpha und der subjektiven Befindlichkeit, also bessere Konzentration, Stimmung sowie gesteigerte Antriebslust und Motivation.

Ginseng

Altbekanntes Heilmittel, das dreifach wirkt:

1. Anregung der Gehirnfunktion (Regulierung und Anregung der Gehirndurchblutung)

2. Lebensverlängernde Wirkung auf den gesamten Zellstoffwechsel (gegen schädliche Toxine)
3. Aphrodisiakum

Diese Eigenschaften besitzt vor allem die Originalwurzel aus China und Korea, die auch in Europa erhältlich ist.

Anwendung und Dosierung: Die Originalwurzel ist teuer — früher wurde ihr Gewicht gar in Gold aufgewogen. Die in Europa erhältlichen Wurzeln sind meist sechs bis zehn Zentimeter groß und wiegen drei bis fünf Gramm. Es ist ausreichend, ein- bis zweimal täglich ein kleines Stückchen von der hölzernen Wurzel abzuschneiden und zu zerkauen. Schon nach wenigen Tagen werden Sie die leistungssteigernde Wirkung bemerken, vor allem, wenn Sie vorher durch einen zu niedrigen Blutdruck erschöpft und deprimiert waren. Es gibt auch eine in Nordamerika wildwachsende Ginsengart: *Panax quinquefolium,* deren Wirkungsweise als Zaubermittel, Aphrodisiakum und Heilpflanze schon den Indianern bekannt war, die sie darum »Menschenwurzel« nannten.

Insgesamt kann man also sagen, daß Ginseng antidepressiv, antidiabetisch, aphrodisierend, antitoxisch, kreislaufstärkend, blutdruckerhöhend, ZNS-stimulierend und stoffwechselanregend wirkt und die Durchblutung und Sauerstoffversorgung des Gehirns verstärkt.

Glutamin

Von Glutamin wird berichtet, daß der Intelligenzquotient von Kindern nach täglicher Gabe von zweimal 500 Milligramm erhöht wurde. Glutamin bildet eine Ausnahme von den meisten biogenen Aminen und Aminosäuren, da es ungehindert in das Gehirn dringen kann. Glutamin hat auch eine gute Wirkung bei Alkoholsucht und Gedächtnisstörungen. Es mögen aber auch noch viele nicht erforschte Anwendungsmöglichkeiten existieren. Achtung: Verwechseln Sie Glutamin nicht mit Glutaminsäure (Glutamat), welche als eher schädlich für unseren Körper, für unseren Organismus und unser Gehirn anzusehen ist.

Nikotinsäureamid (Niacin) Vitamin B 3

Im menschlichen Organismus wird Nikotinamid aus der Aminosäure Tryptophan gebildet. Überall dort, wo die Eiweißversorgung unzureichend ist, wie etwa in Gegenden, wo hauptsächlich Mais gegessen wird, leiden die Menschen häufiger unter Stoffwechselstörungen. Nikotinamid ist ein ausgesprochenes Nervenvitamin und wird eingesetzt gegen Schizophrenie, schädliche Auswirkungen von radioaktiver Strahlung und anderen Toxinen, gegen hohen Cholesterinspiegel und bei Durchblutungsstörungen. Zusätzliche Vitamin C-Gaben (Ascorbinsäure) wären anzuraten.

Sprechen Sie aber auf jeden Fall mit Ihrem Arzt, ehe Sie eines der genannten Präparate einnehmen. Hilfreich kann es auch sein, wenn Sie sich einer Mineralstoffanalyse Ihrer Haare unterziehen, um so Mineralstoffmängel oder Mineralstoffüberschüsse festzustellen.

Coffein und unser Nervensystem

Coffein ist ein Anregungsmittel, das auf das zentrale Nervensystem wirkt, und die am häufigsten benutzte legale psychoaktive Substanz der Welt. Die Wirkung von Coffein scheint in der Hemmung von Adenosin, einer im Gehirn beruhigend wirkenden körpereigenen Substanz, zu liegen. Nach Dr. Arthur WINTER ist Coffein bei schätzungsweise zwei bis sechs Millionen Amerikanern der Auslöser für Phobien und Angstanfälle, da dieser Stoff sich negativ auf die Neurotransmitter im Gehirn auswirkt. Dr. Thomas UHDE vom amerikanischen National Institute of Mental Health berichtet, daß es bei Testpersonen nach vier Tassen Kaffee zu einem schnellen Anstieg von Hydrocortison und Laktat im Blut kam. Seiner Meinung nach löst Kaffeegenuß bei etwa sechzig Prozent der Menschen psychische Probleme aus. Prüfen Sie, wie Sie selbst auf Kaffee reagieren, vor allen Dingen auf mehrere Tassen. Fühlen Sie sich verstärkt ängstlich, so verzichten Sie einige Tage darauf. Wenn es Ihnen dann besser geht, lassen Sie das Kaffeetrinken ganz sein.

Die konzentrative Selbstentspannungs- und Meditationsmethode

Das Fingerpulsfühlen als Vorstufe und Einstimmung, aber auch als „Erste Hilfe" bei Streßbelastung und Angst

Eine sehr einfache, aber durchaus wirkungsvolle Übung, um jederzeit Kontakt mit körperinneren Vorgängen zu finden und um sich jederzeit zu entspannen, ist das Fingerpulsfühlen. Sie legen dazu die Finger beider Hände aneinander (siehe Bild), schließen vielleicht am Anfang kurz die Augen und regulieren den dabei auftretenden Druck auf den Fingerkuppen so lange, bis Sie Ihren Puls an den Kontaktpunkten, also an den Fingerkuppen, fühlen. Verharren Sie nun kurz in dieser Stellung und beginnen Sie, ganz ruhig und gleichmäßig zu atmen. Nach und nach werden Sie bemerken, daß Sie den Pulsschlag immer deutlicher und stärker fühlen. Beginnen Sie nun den Puls zu zählen, immer von eins bis zehn. Sind Sie bei zehn angelangt, beginnen Sie wieder bei eins, ebenso wenn Ihre Gedanken abgleiten. Die Anzahl der Schläge ist dabei nicht wichtig, sondern nur die Konzentration auf den Puls. Während Sie so die Konzentration in Ihren Körper, auf Ihre Fingerkuppen lenken, entstehen die gewünschten Begleiterscheinungen: Spannungen lösen sich auf. Die Blutgefäße erweitern sich. Die Hände werden wärmer. Der Puls verlangsamt sich. Eventueller Spannungskopfschmerz oder leichte Migräne kann verschwinden. Unruhe läßt nach. Das Körperbewußtsein wächst. Streßreaktionen treten zurück.
Außer diesen möglichen positiven körperlichen Reaktionen, die sie hervorruft, ist die Übung des Fingerpulsfühlens eine sehr gute Vorkonzentration zur Einleitung einer Selbsthypnose (siehe dazu auch mein Buch: *Das neue Kopftraining der Sieger*, ebenfalls Verlag Orac). Wenn Sie diese Übung zufriedenstellend ausgeführt und mehrmals geübt haben, wird es Ihnen leicht gelingen, den Pulsschlag schon durch sachtes Berühren der Fingerkuppen zu erfühlen, und zwar in jeder Situation, wie etwa beim Fernsehen, in der Straßenbahn oder im Zug, im Kaffee-

haus, in Gesellschaft, bei Veranstaltungen. Sie können bei dieser Übung auch die Hände unauffällig in den Schoß legen, so daß Ihr Gegenüber gar nicht erkennen kann, daß Sie sich gezielt durch Fingerpulsfühlen entspannen, also ein natürliches Biofeedbackverfahren anwenden. Das Fingerpulsfühlen ist eine Methode, gegen Ängste, Streß, lästige Emotionen gezielt vorzugehen und wird in unserem Falle auch als Vorentspannungsübung und Einstimmungsmethode verwendet.

Streß- und Angstabbau durch Meditation

Für die folgende Meditationsübung sollten Sie sich ungefähr 20 Minuten Zeit nehmen. Sorgen Sie dafür, daß Sie nicht gestört werden. Auch nicht durch Ihr Telefon oder durch die Hausglocke. Setzen Sie sich bequem auf einen Stuhl oder eine Bank. Lösen Sie alle Kleidungsstücke, die Sie einschnüren, so daß Sie sich beim Sitzen wohlfühlen und daß Blutzirkulation und Atmung nicht behindert werden. Sitzen Sie aufrecht, aber nicht starr. Die indischen Yogis nennen das Rückgrat die Lebensader, und bei der Meditation sollte der zentrale Energiekanal Ihres Körpers, also das Rückgrat, frei sein von Verzerrungen oder Verbiegungen, die aus einer schlechten Sitzhaltung resultieren. Ihre Hände können gefaltet sein, im Schoß ruhen oder in einer Meditationsstellung gehalten werden. Atmen Sie, wenn irgendwie möglich, nur durch die Nase, denn die Nasenatmung ist der Mundatmung immer vorzuziehen. Die meisten Leute lassen die Füße flach auf dem Boden stehen, wenn sie meditieren, aber Sie können auch mit gekreuzten Beinen im Yogistil auf einem Teppich sitzen, wenn Ihnen das besser erscheint. Sie können diese Meditationsmethode in fast jeder Stellung (sitzend oder liegend) und in jeder Umgebung durchführen. Am Anfang ist eine ruhige und geschützte Umgebung natürlich vorzuziehen. Wenn Sie sich zu dieser Meditationsmethode entschließen, werden Sie lernen, sich gegen Lärm abzuschirmen. Da diese Meditation dazu verleitet, die Zeit einfach zu übersehen, sollten Sie eine Uhr zurechtlegen, auf die Sie schauen können, ohne die Meditationsposition verändern zu müssen. Es genügt dann, daß Sie die Augen ein wenig öffnen, um zu sehen, wie lange Sie schon meditieren. Seien Sie nicht erstaunt, wenn Sie meinen, es wären erst drei oder vier Minuten vergangen, und sich beim Betrachten der Uhr herausstellt, daß es schon 15 Minuten waren. Mit etwas Übung entwickeln Sie ein gutes Zeitgefühl in der Meditation, und Sie können präzise zum gewünschten Zeitpunkt aus der Meditation zurückkehren, so daß keine Uhr mehr nötig sein wird.

Nun zur Meditation selbst. Wir arbeiten hier mit einer besonderen Entspannungstechnik, die mittels eines Schlüsselwortes eingeleitet und vertieft wird.

Diese Methode wird in zwei Stufen erlernt.

1. Die Auswahl des Schlüsselwortes oder der Schlüsselsilbe.
2. Das Schlüsselwort wird durch häufiges Assoziieren des Entspan-

nungszustandes mit dem Schlüsselwort an den Entspannungseffekt gebunden (Konditionierung). Der Meditierende »subvokalisiert« bei der Entspannungsreaktion das Schlüsselwort, wodurch es zu einem konditionierten Stimulus wird, der die schnelle Entspannung und die Vertiefung der Entspannung erleichtert. Die Schlüsselworttechnik hilft auch gegen Ablenkung von außen und gegen Tagträumereien. Sie bündelt die Konzentration auf die Meditation.

Um Ihnen nun bei der Auswahl des geeigneten Schlüsselwortes behilflich zu sein, habe ich nachstehenden Kurztest in dieses Buch aufgenommen; nach der Testauswertung finden Sie in drei Kästen (A, B, und C) die zu Ihren Testauswertungen passenden Schlüsselwörter bzw. Meditationssilben. Suchen Sie sich aus Ihrem Kästchen ein Sie ansprechendes Wort aus und behalten Sie dieses Wort von nun an für immer bei. Oftmaliges Wechseln des Schlüsselwortes verwässert den Trainingseffekt oder verhindert ihn ganz.

Natürlich können Sie Ihr Schlüsselwort auch aus den anderen zwei Kästchen wählen, denn dieser Test soll nur als Entscheidungshilfe dienen.

Hilfstest, um das für Sie richtige Schlüsselwort (Meditationssilbe) zu finden

Welche Zeichnung spricht Sie mehr an?

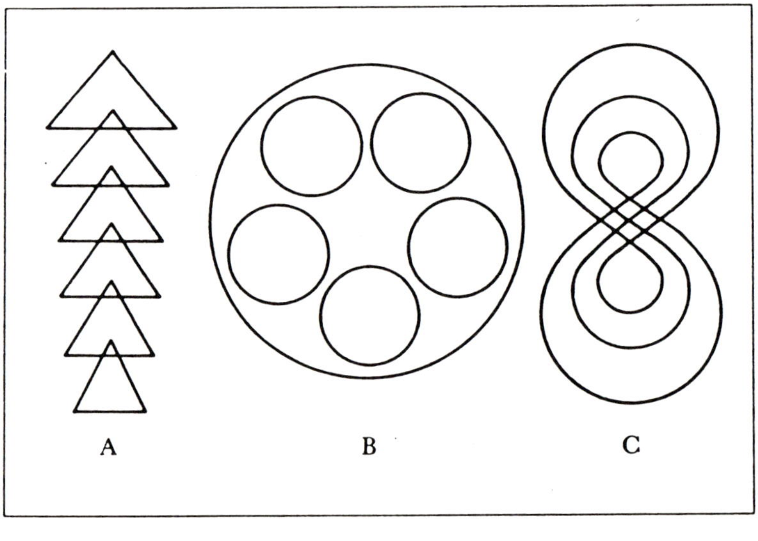

A: Sie haben Selbstvertrauen, Durchsetzungskraft und Energie. Sie lieben eher kräftige Schlüsselwörter, Schlüsselwörter mit Energie.
B: Für Sie trifft sowohl A als auch C zu.
C: Sie haben die Tendenz, sich einzukapseln. Es fehlt Ihnen an Energie. Sie lieben eher weiche Schlüsselwörter.
Suchen Sie sich nun aus Ihrem Kästchen ein Sie ansprechendes Wort aus und behalten Sie dieses Wort für immer bei.

A	B	C
KUHN	HAA	AUM
PAH	HOR	EHM
PAHN	HRIH	HUM
PAU	LAHH	IHM
PEH	REHH	MIH
SCHI	RIM	NAH
SVAH	SAM	NOH
YOKI	SOI	OHM
YAKO	VEHH	OAM
ZUHM	WUH	SUHM

Die präzise Vergabe von passenden Meditationsschlüsselwörtern geht am einfachsten über eine Biofeedbackmessung von Körper und Gehirn mit gleichzeitiger Wiederholung der verschiedenen Schlüsselwörter. Das richtige Schlüsselwort ist dasjenige, mit dessen Hilfe die Entspannungswerte in kurzer Zeit am tiefsten sind. Sollten Sie bei der Entspannung Probleme haben, so lassen Sie sich in einem Biofeedbacklabor Ihr Entspannungswort austesten und dieses gleich auf einen erlernten Entspannungseffekt konditionieren.
Bevor Sie nun mit unserer Entspannungstechnik mittels Schlüsselwort beginnen, hat es sich als wirkungsvoll erwiesen, das ausgewählte Schlüsselwort mit einer schon vorhandenen Entspannung zu synchronisieren. Und das geschieht so:

Methode 1
Sie wiederholen die nachfolgenden formelhaften Vorsätze des autogenen Trainings im Geist. Wenn Sie die Schwere, Wärme und Ruhe verspüren, wiederholen Sie einige Minuten Ihr Schlüsselwort mit der Absicht, daß sich das Schlüsselwort mit diesem Entspannungseffekt verbindet und daß von nun an durch dieses Schlüsselwort der gleiche Entspannungseffekt ausgelöst und bei ständiger Wiederholung des Schlüsselwortes vertieft wird.

Wiederholen Sie im Geist . . .

Dreimal: »Ich bin ganz ruhig.«
Dreimal: »Mein Atem geht ruhig und gleichmäßig.«
Dreimal: »Mein Herz schlägt ruhig und gleichmäßig.«
Einmal: »Ich bin vollkommen ruhig.«
Sechsmal: »Mein rechter Arm wird schwer — bleischwer — angenehm schwer.«
Sechsmal: »Mein linker Arm wird schwer — bleischwer — angenehm schwer.«
Sechsmal: »Beide Arme werden schwer.«
Dreimal: »Mein rechtes Bein wird schwer — bleischwer — angenehm schwer.«
Dreimal: »Mein linkes Bein wird schwer — bleischwer — angenehm schwer.«
Dreimal: »Beide Beine werden schwer.«
Einmal: »Beide Arme — beide Beine sind ganz schwer.«
Einmal: »Mein ganzer Körper wird ganz schwer — angenehm schwer.«
Einmal: »Mit jedem meiner Atemzüge wird mein Körper immer schwerer und schwerer — bleischwer — angenehm schwer.«
Einmal: »Mein ganzer Körper ist ganz schwer.«
Dreimal: »Mein rechter Arm wird ganz angenehm warm.«
Dreimal: »Mein linker Arm wird ganz angenehm warm.«
Dreimal: »Mein rechtes Bein wird ganz angenehm warm.«
Dreimal: »Mein linkes Bein wird ganz angenehm warm.«
Einmal: »Ich bin ganz ruhig — alle Muskeln entspannen sich immer mehr und mehr.«
Einmal: »Mein ganzer Körper ist jetzt ganz schwer und ganz warm — ganz schwer und ganz warm.«

Nun, wenn Sie die Wirkung dieser formelhaften Vorsätze verspüren, wiederholen Sie bei jedem Ausatmen Ihr Schlüsselwort zur Meditation. Nach einiger Zeit nehmen Sie alle Suggestionen, alle formelhaften Vorsätze wieder zurück, Arme und Beine, der ganze Körper bekommt wieder die normale Wärme und die normale Schwere. Sie kommen wieder zurück ins Hier und Jetzt, Sie fühlen Ihren Körper, es geht Ihrem Körper absolut gut, Ihr Kopf ist frei und klar, Sie fühlen sich ausgeruht und wohl, Ihre Reaktion ist schnell und sicher. Ballen Sie danach die Hände zu Fäusten, atmen Sie einmal tief ein und ziehen Sie gleichzeitig die Fäuste an den Oberkörper — dann stoßen Sie die Luft aus und strecken Sie dabei wieder die Arme. Das tun Sie so lange, bis Sie das Gefühl haben, daß Sie wieder völlig wach sind und sich wohlfühlen. Dies war ein kleiner Abstecher in den Bereich des autogenen Trainings, das zur Konditionierung unseres Schlüsselwortes herangezogen werden kann. Sollten Sie mehr über autogenes Training wissen wollen, so besorgen Sie sich am besten entsprechende Lektüre oder besuchen Sie einen Kurs.

Methode 2
Sie führen die in diesem Buch (auf Seite 90ff) angeführten Muskelentspannungsübungen durch. Wenn Sie die Schwere und Muskelentspannung spüren, wiederholen Sie das Schlüsselwort mit der Absicht, daß es sich mit diesem Entspannungseffekt verbindet und diesen von nun an schnell und sogar in immer tieferer Weise auslöst.
Gehen wir jetzt wieder zu unserer Schlüsselwortmeditation zurück. Nun, da Sie ein Schlüsselwort ausgewählt und dieses auch schon mit dem Entspannungseffekt verbunden haben, setzen Sie sich ruhig und bequem hin. Bleiben Sie ruhig sitzen und halten Sie Ihre Augen noch ein paar Augenblicke offen, denken Sie an nichts Besonderes und schließen Sie dann langsam die Augen. Etwa eine Minute lang bleiben Sie so sitzen, ohne den Versuch zu machen, das Schlüsselwort auszusprechen. Die meisten Leute atmen nun etwa 16 Mal in der Minute. Sie können folglich Ihren Atem als Zeitmessung benützen. Bleiben Sie also ruhig sitzen und zählen Sie 16 Atemzüge ab, während Sie darauf warten, daß sich Ihr Geist und Ihr Nervensystem beruhigen.
Nun sagen Sie im Geist Ihr Schlüsselwort, zum Beispiel »JOH«. Das Tempo, in dem Sie das Schlüsselwort aussprechen, können Sie selbst wählen. Probieren Sie dabei ruhig ein wenig herum. Versuchen Sie aber, das Tempo mit Ihrem Atem in Einklang zu bringen, und sagen Sie »JOH« bei jedem Ausatmen. Bleiben Sie nun dabei, Ihr Schlüsselwort bei jedem Ausatmen zu wiederholen. Verlangsamen Sie gleichzeitig das Ausatmen wie bei der Atemübung Seite 149f. Wenn Ihre Aufmerksamkeit abgleitet, Sie also aufhören, das Schlüsselwort im Geist zu wiederholen — das geschieht ziemlich sicher —, so ist das ganz in Ordnung. Dies gehört zum Meditationsprozeß. Aber sobald Ihnen zu Bewußtsein kommt, daß Sie aufgehört haben, das Schlüsselwort zu wiederholen, sollten Sie sanft und ohne Anstrengungen, ganz ruhig wieder mit dem Wiederholen beginnen. Wie oft dies auch geschieht: »JOH«, »JOH«, »JOH«, ...

Hat sich Ihre Aufmerksamkeit vom Schlüsselwort abgewandt, so tauchen interessante Gedanken, Bilder und Gefühle in Ihrem Geist auf. Auch das ist ganz in Ordnung. Geben Sie sich keine Mühe, dies zu verhindern. Lassen Sie sich aber nicht davon ablenken. Wenn Ihnen zu Bewußtsein kommt, daß Sie das Wiederholen des Schlüsselwortes vergessen haben, beginnen Sie wieder ganz ruhig von vorne.
Haben Sie sich entschlossen, mit der Meditation aufzuhören, so beenden Sie einfach das Wiederholen des Schlüsselwortes. Bleiben Sie noch einige Minuten ruhig sitzen und geben Sie sich die Suggestion, den Vorsatz: »Ich bin ganz wach, ich bin im Hier und Jetzt, und meine Reaktion ist wieder schnell und sicher.« Öffnen Sie langsam die Augen, spannen Sie langsam Ihre Muskeln an, atmen Sie tief ein, dann ruckartig tief und fest aus, reiben Sie Ihre Handteller aneinander. Nach den Minuten des Auftauchens an die Oberfläche fühlen Sie sich sicher frisch und regeneriert. Bei Streß, Angst, Lampenfieber wird es nach einiger Zeit des Übens dieser Meditationsmethode genügen, Ihr Schlüsselwort — ohne die Absicht zu meditieren — im Geiste zu wiederholen, und schon wird sich ein angenehmer Entspannungszustand einstellen, Ruhe und Angstabbau sind das Ergebnis.

Unser Atem

Psychische Einflüsse verändern die Atemform — Angstabbau durch richtiges Atmen

Heute wissen wir nicht nur, daß Gemütszustände mit bestimmten Atemmustern verbunden sind, sondern auch, daß Sie allein durch die bewußte Veränderung und das Training des Atmens einiges erreichen können:

- Angst und Ärger überwinden
- Streß abbauen und sich entspannen
- Schmerz lindern
- den Blutdruck herabsetzen
- den Herzschlag regulieren
- die Konzentration steigern
- die Willensstärke steigern
- Ihr persönliches Charisma stärken

Wenn wir uns freuen, ist unsere Atmung regelmäßig, beschleunigt und verflacht. Bei einem Gefühl der Hoffnung atmen wir unregelmäßig und rasch. Sind wir enttäuscht, verlangsamt sich unser Atem und wird flacher. Schreck verschlägt uns den Atem. Bei Aufregung atmen wir sofort rascher und niedriger. Beim Lachen wird die Atmung verflacht und beschleunigt. Streß läßt unseren Atem hektisch und unregelmäßig werden. Bei Depressionen geht der Atem schwer und angestrengt. Dies sind nur einige Beispiele dafür, wie psychische Einflüsse unsere Atemform verändern.

Unsere Atmung beeinflußt unsere Gehirntätigkeit

Seit Jahrtausenden kennen Yogis genaue Methoden zur Beherrschung von Geist und Körper. Mit sorgfältig abgestimmten Atemübungen wek-

ken sie den jeweils gewünschten Bewußtseinszustand. An unserem Institut für angewandte Biokybernetik und Feedbackforschung gingen wir diesen Atemübungen mittels Biofeedbackmessungen auf den Grund. Die erstaunlichen Ergebnisse dieser Messungen habe ich (auf Seite 149f) für Sie ins Trainingsprogramm aufgenommen. In unserer westlichen Wettkampfgesellschaft mit ihrem Alltagsstreß haben wir die natürliche Atmung verlernt. Viele wurden schon als Kind ermahnt: »Halte dich gerade und zieh den Bauch ein.« Kein Wunder, daß wir alle verkrampft sind und nicht mehr auf unsere Intuitionen lauschen. Die Auswirkungen auf die Persönlichkeit sind eklatant. Man fühlt sich innerlich nervös, gestreßt, ängstlich, sorgenvoll, reizbar und dann wieder müde und schwach. Jede Spontaneität geht verloren. Ihre Lebendigkeit, die Aufnahmefähigkeit Ihres Gehirns, die Belastbarkeit Ihres Nervensystems, ja die Leistungsfähigkeit insgesamt hängen weitgehend von Ihrer Atmung ab. Das einfachste und am leichtesten zugängliche Mittel zur Veränderung Ihrer Lebensqualität ist der Atem. Eine erstaunliche Tatsache ist, daß eine langsame, bewußte Atmung mit sieben oder weniger Atemzügen in der Minute Ihren gesamten Stoffwechsel verändert. Ihre Mitmenschen sehen Sie völlig anders als bisher. Sie wirken konzentriert, lebendig und respektgebietend.
Ein Erwachsener nimmt mit jedem Atemzug durchschnittlich einen halben Liter Luft auf. Das ist jene Menge, die bei flacher Brustatmung eingeatmet wird. Bei der Bauchatmung läßt sich die Luftmenge verdoppeln, und die Ganzkörperatmung, die Bauch und Brust miteinbezieht, läßt Sie drei bis vier Liter Luft aufnehmen. Mehr Luft pro Atemzug bedeutet ein gesünderes Herz, eine gute Lunge, schönere Haut, bessere Verdauung und gesteigerte geistige Fähigkeiten. Wenn Sie die Lunge von unten nach oben mit Luft füllen, also vom Bauch zur Brust hin, üben Sie gleichzeitig auf das Herz eine sanfte Massage aus. Die Kontraktionen des Zwerchfells massieren Herz, Leber und Bauchspeicheldrüse und verbessern die Funktionsfähigkeit der Milz und des gesamten Verdauungstraktes. Hier möchte ich Ihnen Atemtechniken vorstellen, die — wie Biofeedbackmessungen bewiesen haben — starke Wirkungen auf Ihr Nervensystem, auf Ihr Gehirn, auf Ihren ganzen Körper ausüben.

Die hubvertiefende Atemform

Die hubvertiefende Atemform führt zu einer stärkeren Einflußnahme der Atmung auf den Sympathikotonus. Gleichzeitig wird die Atmung an andere Körperfunktionen gekoppelt. Verspannungen werden gelöst und abgebaut. Das Einatmen löst eine allgemeine Spannungssteigerung aus (Anspannung der Atemmuskeln, Erhöhung des Sympathikotonus, Reaktionszeitverkürzung, höhere Aufmerksamkeit) und das Ausatmen ein Gefühl des Loslassens, Fallenlassens, verbunden mit motorischer und vegetativer Entspannung. Bei der Schlüsselwortmeditation und beim autogenen Training nützt man dieses Phänomen aus, indem alle entspannenden, auf Schwere und Wärme orientierten Suggestionen und auch das Schlüsselwort in die Ausatemphase fallen sollen. Wird also bei einer Atemtechnik das Ausatmen gegenüber dem Einatmen verlangsamt, so entsteht ein meditativer Entspannungseffekt. Wird hingegen die Einatem- und Anhaltephase gegenüber der verkürzten Ausatemphase verlängert, so wird Aktivierung und Konzentration gefördert.

Je nachdem, was Sie gerade erreichen wollen, sollten Sie die richtige Atemübung vor einem bevorstehenden Ereignis (Auftritt, Gespräch etc.) einlegen. Brauchen Sie Entspannung oder Konzentration? Fünfzehn Minuten vor einem Ereignis richtig zu atmen, bedeutet sich richtig vorzubereiten.

Übung 1: Das verzögerte Ausatmen

Atmen Sie, wenn es irgendwie möglich ist, bei dieser Übung nur durch die Nase. Atmen Sie nun fünfzehn Minuten lang im Verhältnis 1:4, das bedeutet, eine Zeiteinheit verbrauchen Sie für das Einatmen und vier Zeiteinheiten für das Ausatmen. Die Zeiteinheiten sollten dabei nach einigen Tagen der Übungspraxis immer länger werden, zum Beispiel anfangs eine Sekunde zu vier Sekunden, später dann zwei Sekunden zu acht Sekunden usw. Hilfreich bei dieser Übung ist es, das Ausatmen mit einem Summton bei geschlossenen Lippen zu begleiten. Dies ist der entspannende Atem, der Atem der Meditation.

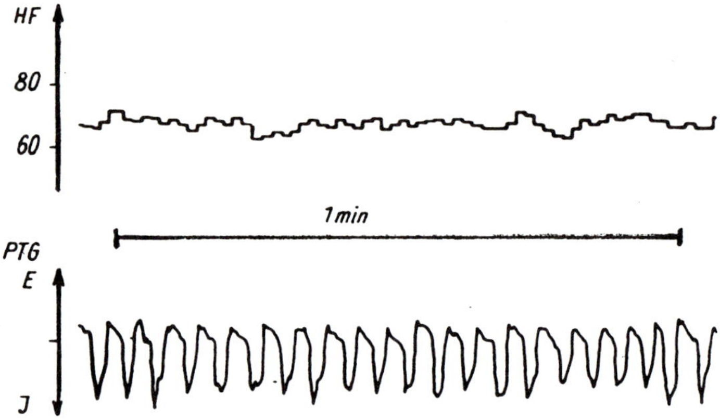

a) Parallel registrierte Herzfrequenz (HF) und Pneumotachogramme (PTG) bei Normalatmung

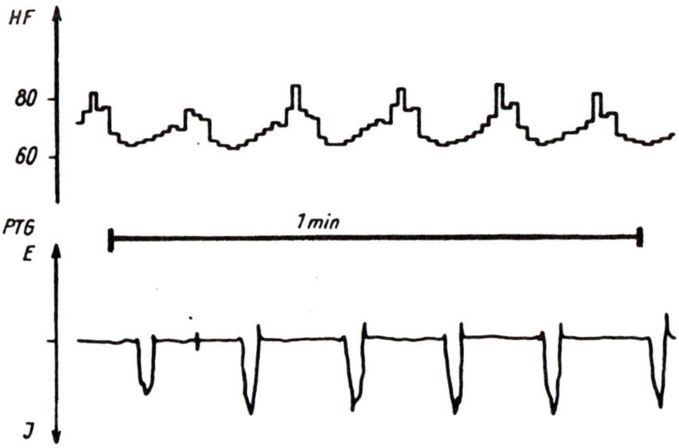

b) und beim verzögerten Ausatmen. Hier zeigt sich eine durch die Atmung bedingte Herzarhythmie, die atemphasenabhängig ist. Das heißt, beim verzögerten Ausatmen entsteht eine Ausstrahlung des Atemrhythmus auf die Kreislaufinnervation.

Übung 2: Das verzögerte Einatmen

Atmen Sie bei dieser Übung nur durch die Nase. Atmen Sie nun fünfzehn Minuten lang im Verhältnis 4:1. Achten Sie dabei darauf, daß Sie immer ganz ausatmen. Die Zeiteinheiten sollten nach einigen Tagen der Übungspraxis immer länger werden. Das ist der konzentrative Atem.

Soforthilfeübungen

Übungen gegen Lampenfieber

Die richtige Kopfhaltung

1. Lassen Sie den Kopf auf die Brust fallen.
2. Richten Sie den Kopf vom Nacken her in einer kontinuierlichen, fließenden Bewegung ganz langsam auf — Wirbel um Wirbel, bis der Kopf genau auf der Wirbelsäule ruht wie eine Blume auf dem Stiel.
3. Halten Sie inne. Achten Sie auf die Stellung. Halten Sie den Kopf höher oder tiefer als sonst?
4. Schauen Sie gleichsam mit dem ganzen Körper geradeaus — Kopf und Rumpf bilden eine Einheit.
5. Die Kehle ist entspannt, der Rücken gerade. Der Kopf ist stolz erhoben, Ihr Blick klar. Spüren Sie, welch ein Gefühl von Stärke und Harmonie Ihnen das gibt.

Ihr Gesicht vor einem Auftritt

1. Ein breites Lächeln.
2. Lassen Sie Ihr Lächeln verschwinden, nur Augen und Wangen sollen es noch zeigen. Ihre Augen strahlen. Ihre Wangen sind hochgezogen und am Jochbein gerundet.
3. Atmen Sie tief ein. Legen Sie frohe Erwartung in Ihren Blick: »Gleich wird etwas Wunderschönes geschehen!«

Entspannungsübungen

Streß vor einem Ereignis

1. Ruhiges, gleichmäßiges Atmen
2. Muskelentspannung
3. Meditation (eventuell Biofeedbacktraining)

Streß während eines Ereignisses

1. Ruhiges, gleichmäßiges Atmen
2. Fingerpulsfühlen (siehe Seite 139)
3. Muskelschnellentspannung der Stirn (siehe Seite 100)
4. Muskelschnellentspannung der Schulterpartie (siehe Seite 110)

Beeinträchtigung durch Migräne oder Kopfschmerzen

1. Ruhiges, gleichmäßiges Atmen
2. Fingerpulsfühlen (siehe Seite 139)

Entspannung für Herz und Nerven

1. An einem hektischen Tag lassen Sie — etwa jede halbe Stunde — einfach Ihr Unterkiefer leicht herunterklappen. Lösen Sie alle Spannungen aus Ihrem Gesicht, ganz besonders aus Stirn und Kiefer. Lockern Sie Hals und Schultern.
2. Beginnen Sie mit dem Fingerpulsfühlen (siehe Seite 139).
3. Erweitern Sie das Fingerpulsfühlen um die Schlüsselwortmeditation (siehe Seite 141 ff).

Freie Stimmentfaltung

a) Lockerungsübungen für den Unterkiefer

1. Öffnen Sie den Mund weit und strecken Sie die Zunge heraus — nach unten.
2. Machen Sie gleichzeitig große Augen — drei tiefe Atemzüge lang.
3. Halten Sie den Unterkiefer mit einem Finger fest und bewegen Sie die Zunge hin und her, dann auf und ab, ohne den Unterkiefer zu bewegen.
4. Lassen Sie die Zunge langsam und kontinuierlich kreisen. Stellen Sie sich vor, Sie berühren die Nase, die Wangen, das Kinn. Nun in die Gegenrichtung. Der Unterkiefer sollte sich dabei nicht bewegen.

Durch diese Übung werden Zunge und Unterkiefer beweglicher, Spannungen in Unterkiefer und Kehle lösen sich. Sie können klarer und lauter sprechen. Die Kehle wird besser durchblutet.

b) Gähnen

Grundübung
Gelingt das Gähnen nicht gleich, so heben Sie die Oberlippe von den Zähnen ab, atmen Sie mit weit geöffnetem Mund ein, ziehen Sie die Nase und die Muskeln um die Augen kraus. Öffnen Sie den Mund so weit Sie können, bis Sie es in den Ohren rauschen hören. Nur bei übertriebenem Gähnen erhalten Sie ein Gefühl für die völlige Entspannung von Gesicht, Nacken und Kehle. Gähnen Sie nun bei geschlossenem Mund. Erfühlen Sie die Muskelreaktion. Die Zunge sollte tief am Grund der Mundhöhle liegen, die Zungenspitze flach sein. Die Seiten der Zunge berühren das Zahnfleisch rundherum. Drücken Sie vor allem den mittleren Teil der Zunge tief nach unten. Stellen Sie sich das Gähnen bildlich vor. Das Gähnen hat sehr tiefgreifende Wirkungen, auch im Bereich der Durchblutung des Gehirns, der Entspannung der Muskeln und der Veränderung des Hautwiderstandes.

Erweiterungsübung
Stellen Sie sich vor, Sie haben eine große Sauerstoffkugel im Mund, die den Gaumen nach oben drückt, den Rachenraum nach hinten weitet und den unteren Mundhöhlen- und Rachenbereich sowie die Seiten nach unten ausdehnt. Die Wirkung dieser Übung verhindert, daß das Gesicht erstarrt. Gesicht, Zunge, Lippen und Kehle werden entspannt.

Entspannung von Kehle, Gesicht und Kopf

1. Beginnen Sie laut zu summen. Die Lippen sind locker geschlossen.
2. Legen Sie die Fingerspitzen an die Backenknochen. Spüren Sie die Schwingungen? Fühlen Sie die Schwingungen auch auf dem Scheitel, an den Seiten und am Hinterkopf?
3. Summen Sie weiter. Halten Sie die Handflächen vor das Gesicht. Bewegen Sie die Hände dann allmählich vom Gesicht weg. Spüren Sie die Schwingungen noch? Wenn nicht, führen Sie die Hände wieder näher heran, bis Sie neuerlich etwas spüren.
4. Halten Sie die Hände auf Armeslänge entfernt und schicken Sie Schwingungen in die Hände. Erzeugen Sie eine große Schallwellenausstrahlung um Ihren Kopf. Bewegen Sie die Hände über dem Kopf, zu den Seiten hinter dem Kopf. Er ist Ihr Resonanzkörper. Wenn Sie durch Ihr Summen den Kopf mit Schwingungen erfüllen, hören Sie, wie die Schwingungen von verschiedenen Teilen des Kopfes verstärkt werden. Die Wirkung dieser Übung ist die Entspannung der Kehle, des Gesichtes, des ganzen Kopfes. Sie vermittelt ein Gefühl von Freude, Kraft und Zuversicht und wirkt anregend. Die Übung führt zur allgemeinen Entspannung und sorgt für Energie, Wärme und eine entspannte Stimme.

Gedichte sprechen

Rezitieren Sie täglich Gedichte, die Sie auswendig können. Das beruhigt. Rhythmisches Sprechen stellt die Harmonie zwischen beiden Gehirnhälften her. Verkrampfung und Ängstlichkeit fallen von Ihnen ab.

Singen

Singen beruhigt und stellt das Gleichgewicht zwischen beiden Gehirnhälften her, weitet die Kehle, verbessert die Atmung und gibt Ihrer Stimme mehr Farbe.

15 Tips für Ihren Erfolg im Arbeitsleben

1. Bleiben Sie nicht an einem Arbeitsplatz, wo man Ihnen und Ihrer Leistung keine Wertschätzung entgegenbringt.
2. Stellen Sie hohe Anforderungen an Ihre Leistung, tun Sie stets Ihr Bestes, aber scheuen Sie sich nicht, nein zu sagen.
3. Machen Sie sich mit jedem Aspekt Ihrer besonderen Aufgabe vertraut und erlernen Sie dann neue Fertigkeiten. Machen Sie sich durch das, was Sie tun, unentbehrlich.
4. Legen Sie auch Ihrem Chef gegenüber ein zwar höfliches, aber sicheres und entschiedenes Verhalten an den Tag. Präsentieren Sie sich als ebenbürtig.
5. Lassen Sie sich nicht in Auseinandersetzungen verwickeln. Erklären Sie Ihre Anliegen und begründen Sie sie. Rechtfertigen Sie sich nicht.
6. Haben Sie keine Angst, Entscheidungen zu treffen, gleichgültig in welcher Stellung Sie sich befinden. Ergreifen Sie, wenn es erforderlich ist, die Initiative.
7. Achten Sie stets auf Ihre Gesundheit. Lassen Sie sich nicht zum Sklaven Ihrer Arbeit machen. Machen Sie Ihre Arbeit gut, arbeiten Sie effizient, aber lassen Sie nicht zu, daß Ihre Privatsphäre und Ihr Familienleben zerstört werden. Bedenken Sie: Es ist Ihr Leben, und Sie haben nur dieses eine.
8. Hören Sie genau auf das, was Mitarbeiter und Vorgesetzte zu sagen haben, bevor Sie allzu leichtfertig eine Verpflichtung übernehmen.
9. Wenn Sie feststellen, daß Ihre Arbeit mit zuviel Streß verbunden ist, wechseln Sie den Job oder bestehen Sie auf Pausen, die Ihnen eine bessere Leistung ermöglichen.
10. Übernehmen Sie keine zusätzlichen Arbeiten nur deshalb, weil Sie Angst haben, das Ansinnen abzulehnen. Lassen Sie sich nicht unter gefährlichen Leistungsdruck setzen.
11. Lassen Sie sich von Ihrem Job nicht langweilen. Wenn Ihre Arbeit zu eintönig ist, halten Sie nach einer neuen Ausschau. Fragen Sie Ihren Chef, ob Sie andere Aufgaben übernehmen können.
12. Machen Sie sich die in diesem Buch beschriebenen Entspannungsübungen zunutze.

13. Setzen Sie sich ein klares Ziel — und machen Sie sich dann Schritt für Schritt daran, es zu erreichen.
14. Lassen Sie sich von Ihrem Chef nicht schikanieren. Ersinnen Sie eine Strategie, wie Sie ihn sich vom Leib halten können. Der beste Weg dazu ist, alles über seine Stärken und Schwächen in Erfahrung zu bringen.
15. Stellen Sie gute Beziehungen zu Ihren Mitarbeitern her. Behandeln Sie die Arbeit wie ein Spiel. Benützen Sie das aus diesem Buch geschöpfte Wissen zur Erkundung der eigentlichen Natur Ihrer Kollegen und Ihres Chefs. Teilen Sie Ihren Chef und Ihre Kollegen in linkshirnige oder rechtshirnige Typen ein und behandeln Sie sie gemäß ihrer Strukturen. Sie werden sehen: Ihr Chef und Ihre Mitarbeiter werden sich von Ihnen immer verstanden fühlen.

Machen Sie sich die Körpersprache zunutze

Wie jede andere Art der Kommunikation verläuft auch die Körpersprache in zwei Bahnen: Richtung und Gegenrichtung, Frage und Antwort, Aktion und Reaktion. Sie müssen lernen, sich auf die körperliche Ausdrucksform des Kommunikationspartners einzustellen, während Sie gleichzeitig die eigene steuern. Suggerieren Sie sich, dem Kommunikationspartner Ihre eigenen Gefühle auf keinen Fall zu enthüllen, wenn Sie nicht wollen, daß man Sie in einem bestimmten Licht sieht. Denken Sie daran, daß Ihre Gedanken und Gefühle von Ihrem Gegenüber umso leichter empfangen werden können, je mehr Ihre Körpersprache Ihre geheimsten Denkvorgänge offenbart. Stellen Sie sich vor einen Spiegel und üben Sie die Kontrolle über Ihre Gesichtsmuskeln und Ihren Gesichtsausdruck. Versuchen Sie, verschiedene Formen des Gesichtsausdrucks anzunehmen. Das bedeutet nicht, daß Sie ein undurchdringliches Pokerface aufsetzen, das Sie ja auch verraten könnte. Konzentrieren Sie sich insbesondere auf das, was erwiesenermaßen Signalwert hat.

Augen

Probieren Sie verschiedene Formen des Augenausdrucks vor dem Spiegel aus. Prüfen Sie, ob Sie ärgerlich, glücklich, traurig, interessiert, erstaunt, ruhig oder — das ist ja auch denkbar — verliebt aussehen. Versuchen Sie auch, ob Sie glücklich, traurig oder verliebt dreinsehen können. Der Augenkontakt ist eines der intensivsten körperlichen Kommunikationsmittel. Wußten Sie, daß sich bei Verliebten, die einander in die Augen sehen, die Pupillen vergrößern? Ihrem Gegenüber direkt in die Augen zu sehen, vermittelt den Eindruck von Vertrauen und Aufrichtigkeit, kann aber auch als Aggression empfunden werden. Wenn jemand die Augen senkt oder zur Seite blickt und daher offensichtlich Angst hat, seinem Gegenüber in die Augen zu schauen, macht das verständlicherweise einen schlechten Eindruck, der als Unaufrichtigkeit, Unterlegenheit oder Schwäche interpretiert werden muß. Es ist wünschenswert, wann immer möglich, einen guten, offenen Augenkontakt herzustellen, ohne dabei aufdringlich oder zu intim zu wirken. Achten Sie auch auf so vielsagende Zeichen wie das Verengen der Augenlider, unstete Augenbewegung und unkontrolliertes Stirnrunzeln. Viele Menschen haben Mühe, diese unwillkürlichen Formen des Gefühlsausdrukkes zu beherrschen. Beachten Sie zudem die Augenbrauen des Gegenübers; auch die kleinsten Bewegungen wie Zusammenziehen oder dergleichen können verräterisch sein.

Mund

Schauen Sie aufmerksam auf die Mundbewegungen der Menschen: beispielsweise auf die Art, wie sie den Mund spitzen und lachen. Man kann an einem Lachen leicht erkennen, ob es falsch, nervös oder gar ärgerlich ist. Primaten entblößen manchmal ihre Zähne zu einer Art Lächeln — kurz bevor sie zubeißen. Stellen Sie sich vor den Spiegel und probieren Sie mit dem Mund Artikulationsformen aus, um festzustellen, wie viele unterschiedliche Ausdrucks- und Bedeutungsformen Sie hervorbringen können. Bitten Sie Ihren Partner, das gleiche zu tun, und versuchen Sie herauszufinden, ob Sie einander korrekt interpretieren können.

Nase

Abgesehen von den augenfälligen Gefühlen des Widerwillens, die über die Nase so unzweideutig mitgeteilt werden können, benützen viele Menschen ihr Riechorgan als Zentralpunkt für andere Gesten. Wenn jemand den Finger an die Nase legt, kann das bedeuten, daß er über das nachdenkt, was Sie sagen, ohne davon überzeugt zu sein — oder er wird ungeduldig oder einfach nur mißtrauisch. Eine andere Gebärde besteht darin, die Finger beider Hände pyramidenförmig aneinanderzulegen und dergestalt ans Gesicht oder eben an die Nase zu führen. Auch das Kinn streicht man sich vorzugsweise dann, wenn man unsicher oder voller Gedanken ist. Der Kopf als Ganzes ist ein weiterer Indikator. Wird er geneigt oder gesenkt? Haben Sie einmal bewußt darauf geachtet?

Hände

Das Spiel der Hände ist das ausdrucksreichste Repertoire der Körpersprache. Hände sprechen Bände. Die Art, wie Sie Ihre Frau oder Freundin, Ihren Mann oder Freund mit der Hand berühren, kann viel darüber aussagen, was Sie für den Partner empfinden. Ebenso ist Ihr Händedruck von Bedeutung und sollte der Einschätzung angepaßt sein, die Sie von dem anderen Menschen haben. Wenn die Hände Ihres Kommunikationspartners nervöse Unruhe demonstrieren, während Sie reden, lassen Sie sich nicht davon irritieren. Hören Sie statt dessen auf zu sprechen und provozieren Sie Ihr Gegenüber, die Konversation aufzunehmen. Nervöse Menschen können oft nicht umhin, Hände und Finger immer wieder ineinander zu verklammern und zu verkrampfen. Wenn Sie dazu neigen, dann tun Sie gut daran, beim Gehen oder Stehen die Hände hinter dem Rücken oder verschränkt zu halten oder ruhig mit zusammengelegten Händen dazusitzen. Vermeiden Sie überschnelle und aufgeregte Handbewegungen, da die Art und Weise, wie Sie Ihre Hände halten, bewegen und beherrschen, anderen einen entscheidenden Eindruck von Ihrer Wesensart und Ihrer jeweiligen Verfassung vermittelt. Sobald Sie sich dessen bewußt geworden sind und mit den Händen vertrauenserweckende Gesten eingeübt haben, wird es Ihnen zur Gewohnheit werden, mit Hilfe des Ausdrucks Ihres Körpers erfolgreich zu kommunizieren.

Gesundheit, Wohlbefinden, Leistungsfähigkeit und Charisma hängen von der Struktur des psychogenen Feldes, vom Hirnmilieu ab. Wenn Sie die Tips und Übungen dieses Buches konsequent und regelmäßig befolgen, sind Sie schon ein gutes Stück weiter auf dem Weg zur wirklichen persönlichen Ausstrahlungskraft, zu dem »gewissen Etwas«, das Sie von den anderen unterscheidet. Und: Es wird Ihnen leichter fallen, andere zu durchschauen und zu überprüfen, was wirklich hinter ihrem Charisma steckt.

Die faszinierende Methode zur Stärkung von Körper und Geist

Gerhard Eggetsberger/
Karl-Heinz Eder
Das neue Kopftraining der Sieger
Die Entdeckung und Nutzung
des psychogenen Hirnfeldes zur
Aktivierung verborgener mentaler
und physischer Kräfte.
3. Auflage, 224 Seiten, durchgehend
illustriert, Format 16 x 24 cm
ISBN 3-7015-0236-6

Hilf Dir selbst
Gerhard Eggetsberger
Kopftraining macht gesund
Das individuelle Verhaltensprogramm
zur Verbesserung der Heilungschancen
und zur Förderung der Gesundheit.
110 Seiten, Illustrationen, Tabellen,
Format 15,5 x 22 cm
ISBN 3-7015-0277-3

In jeder Buchhandlung!